Para

com votos de paz.

CB025405

DIVALDO FRANCO
Denise Lino de Araújo

Humano,
Demasiado Humano:
a transformação moral de Pedro

Leitura de contos do
Espírito Amélia Rodrigues
pela psicografia de Divaldo Franco
por Denise lino

Salvador
1. ed. – 2024

COPYRIGHT © (2020)
CENTRO ESPÍRITA CAMINHO DA REDENÇÃO
Rua Jayme Vieira Lima, 104
Pau da Lima, Salvador, BA.
CEP 412350-000
SITE: https://mansaodocaminho.com.br
EDIÇÃO: 1. ed. (3ª reimpressão) – 2024
TIRAGEM: 3.000 exemplares (milheiro: 10.000)
COORDENAÇÃO EDITORIAL
Lívia Maria C. Sousa

REVISÃO
Adriano Ferreira • Lívia Maria C. Sousa
CAPA
Cláudio Urpia
MONTAGEM DE CAPA
Ailton Bosco
EDITORAÇÃO ELETRÔNICA
Ailton Bosco
COEDIÇÃO E PUBLICAÇÃO
Instituto Beneficente Boa Nova

PRODUÇÃO GRÁFICA
LIVRARIA ESPÍRITA ALVORADA EDITORA – LEAL
E-mail: editora.leal@cecr.com.br

DISTRIBUIÇÃO
INSTITUTO BENEFICENTE BOA NOVA
Av. Porto Ferreira, 1031, Parque Iracema. CEP 15809-020
Catanduva-SP.
Contatos: (17) 3531-4444 | (17) 99777-7413 (WhatsApp)
E-mail: boanova@boanova.net
Vendas on-line: https://www.livrarialeal.com.br

Dados Internacionais de Catalogação na Publicação (CIP)
(Catalogação na fonte)
BIBLIOTECA JOANNA DE ÂNGELIS

F825	FRANCO, Divaldo Pereira; ARAÚJO, Denise Lino
	Humano, demasiado humano: a transformação moral de Pedro – Leitura de contos do Espírito Amélia Rodrigues pela psicografia de Divaldo Franco por Denise Lino. 1. ed. Salvador: LEAL, 2024.
	152 p.
	ISBN: 978-65-86256-02-4
	1. Apóstolo Pedro 2. Conversão 3. Jesus 4. Reflexões morais I. Título
	CDD: 133.90

Bibliotecária responsável: Maria Suely de Castro Martins – CRB-5/509

DIREITOS RESERVADOS: todos os direitos de reprodução, cópia, comunicação ao público e exploração econômica desta obra estão reservados, única e exclusivamente, para o Centro Espírita Caminho da Redenção. Proibida a sua reprodução parcial ou total, por qualquer meio, sem expressa autorização, nos termos da Lei 9.610/98.
Impresso no Brasil | Presita en Brazilo

SUMÁRIO

Dedicatórias de Denise Lino *7*

Agradecimentos de Denise Lino *9*

Prefácio 13

Apresentação 17

Preâmbulo 21

Introdução 37

O contexto de Pedro 53

O encontro com Jesus 65

A convivência 79

A interlocução 87

A negação 101

O soerguimento 113

Considerações finais 133

Referências 143

Referências das imagens 149

DEDICATÓRIAS DE DENISE LINO

Para meu pai, que me ensinou o amor aos livros de Amélia Rodrigues.

Para minha mãe e Kika, que me esperaram muitos domingos pela manhã para passear, mas eu escrevia este livro...

AGRADECIMENTOS DE DENISE LINO

Minha gratidão aos Espíritos amigos,
presenças constantes nas várias etapas em que este livro
estava sendo elaborado.

❀

A Divaldo Franco, pela vida inspiradora que
transparece em tudo o que faz.

❀

A Amélia Rodrigues,
por ser Amélia Rodrigues.

❀

A Ruth Brasil Mesquita, minha madrinha,
pelo carinho que me dispensa e pelo entusiasmo
por ver este trabalho concluído.

São Pedro em lágrimas
Bartolomé Esteban Murillo (Sevilla, 1617-1682)

PREFÁCIO

Conversão! A busca de todos nós: dar sentido à vida, ressignificar a existência.

Saber, verdadeiramente, o que é converter-se e como se realiza é essencial. E o melhor é termos uma referência segura: Pedro, o Apóstolo, "humano, demasiado humano", na feliz apresentação da autora. Justamente o abnegado discípulo de Jesus de todas as horas, "cuja sombra curava os enfermos" e que antes O negou três vezes...

Nesta obra, encontramos respostas muito bem fundamentadas, por meio de pesquisas exaustivas e vivências pessoais da autora (é bom que se diga), de questões-chave que também nos dizem respeito: *como* e *quando* se deu a *conversão* de Pedro da sua trajetória pessoal para a transpessoal; do imanente para o transcendente? A partir de que *ponto*? E mais, como Pedro resolvia seus conflitos? Finalmente, nossa trajetória evolutiva tem uma dinâmica semelhante à de Pedro? Nós, que também somos "humanos, demasiado humanos"?

É o que você, caro leitor, descobrirá neste livro *transexistencial e interdimensional*, através de três autores experientes em suas jornadas evolutivas de *conversão*: Divaldo Pereira Franco, médium abnegado, Embaixador da Paz no Mundo; Amélia Rodrigues, Espírito, servidora de Jesus aqui e Além, Sua cantora lírica, e Denise Lino (a ilustre afilhada do coração), professora, doutora dedicada à Língua Portuguesa, reconhecida pelo Brasil afora, e fiel servidora da Sociedade Espírita Joanna de Ângelis, de Campina Grande, Paraíba.

Feliz jornada de *conversão*! O roteiro está em suas mãos!

Ruth Brasil Mesquita
Salvador, 25 de março de 2020.

A penitência de São Pedro
Gerrit van Honthorst (1592-1656)

Apresentação

Este texto resulta de uma experiência significativa. Em fevereiro de 2001, antes de começar a reunião mediúnica, o coordenador convidou a todos para um exercício de visualização, a fim de que nos preparássemos mais eficazmente para o cometimento que se daria em seguida. Convidou-nos a pensar nas paisagens rústicas de Cafarnaum à época de Jesus e, dirigindo a atenção do grupo, levou-nos a focalizar a casa de Pedro, o dileto colaborador do Mestre. Ato contínuo, sugeriu a imagem de uma das visitas do Nazareno à casa do pescador, que, diligente, preparava a refeição, para que o Mestre fosse bem servido. Sentado à mesa, pedia Simão ao Embaixador de Deus: – *Senhor, fala-nos sobre o Reino dos Céus!*

A plasticidade do evento motivou-me a preparar para o dia seguinte uma palestra sobre esse tema, intitulada de *Episódios significativos da vida de Pedro*. As fontes da pesquisa foram alguns contos da obra de Amélia Rodrigues, psicografada por Divaldo Pereira Franco, cujo lirismo muito particular dá ainda mais beleza às passagens evangélicas. Para ilustrar a transformação exemplificada por

Pedro e assinalada por Amélia, apoiei-me na tela a *Crucificação de São Pedro*, pintada pelo italiano renascentista Caravaggio, que integra o acervo da Igreja de Santa Maria em Roma e está reproduzida em diversas ilustrações.

O evento focalizado legou-me um dos momentos da mais profunda comunhão com os Espíritos amigos, cuja sensação de bem-estar revivo agora.

Posteriormente, em outras terras, convidada a realizar palestras, voltei à leitura e fui novamente tomada de um fascínio pela personalidade de Pedro e pela obra de Amélia. Transformei o resultado dessas palestras em um estudo que resultou neste texto, cujo intuito primeiro é o de reter na memória os conhecimentos adquiridos, retomados quase vinte anos depois. Se outros leitores se interessarem por estas páginas, acredito estar alcançando outro objetivo, qual seja o de despertar o interesse pelo estudo da literatura espírita e por essa personalidade, que é uma boa representação da meta apresentada por Kardec aos espíritas: transformação moral e superação das más inclinações.

O trabalho que ora apresento ao público é a tentativa de compreender a dimensão humana e espiritual deste dileto cooperador de Jesus, em sua transformação moral, a partir da ótica do Espírito Amélia Rodrigues. É, em suma, um estudo da personalidade à luz da literatura espírita. Como tal, requisitou de mim mesma amadurecimento psicológico, doutrinário, espiritual e emocional para concluí-lo. Sou muito grata aos Espíritos amigos pelo fato de ter chegado ao fim desta jornada, pois eles esperaram a conclusão deste trabalho por quase vinte anos e sempre estiverem muito presentes nas várias retomadas.

São Paulo – Campina Grande, 2001-2020.

Crucificação de São Pedro (1601)
Caravaggio (1571-1610)

PREÂMBULO

A Doutrina Espírita é, por excelência, uma doutrina letrada. Ou seja, organiza-se em torno de uma literatura que a fundamenta. Portanto, livros e autores são partes constitutivas e intrinsecamente associadas desse edifício de conhecimento e consolação.

De modo geral, sabemos muito pouco sobre nossos autores, e a tradição das biografias é ainda escassa entre nós, conforme argumentam os que se preocupam com a memória do Espiritismo. São conhecidos os trabalhos de Zêus Wantuil (1968) – *Os grandes espíritas do Brasil*; Carlos Bernardo Loureiro (1996) – *As mulheres médiuns*. Mais recentemente, destacamos o esforço de Pedro Camilo (2010, 2016), de Suely Caldas Schubert (1986, 2003, 2017) e de Cezar Said (2012, 2008), como biógrafos não apenas de mortos, mas de vivos, pois os dois últimos autores escreveram sobre as vidas de Chico Xavier, Divaldo Franco e Raul Teixeira.

Se biografias de espíritas ainda são raras, ou pelo menos um gênero não tão prestigiado entre nossos leitores, o que podemos dizer de biografias de Espíritos que não foram espíritas, mas que voltam através das comunicações mediú-

Divaldo Franco/Denise Lino de Araújo

nicas e nos legam obras admiráveis? Nesse cenário, parece seguir sozinha a obra elaborada pela Federação Espírita do Paraná (2002) sobre os autores que figuram na Codificação Espírita. Afinal, quem foram Lázaro, Lacordaire, Isabel de França e tantos outros vultos que assinam aqueles textos? Estamos numa seara em que a biografia e a obra estão imbrincadas. Nesse tema, é emblemática a resposta de Santo Agostinho à Questão 919a de *O Livro dos Espíritos*, que deu a sua vida como exemplo: "Fazei o que eu fazia, quando vivi na Terra [...]". Essa resposta tem muito mais consistência, porque sabemos que a biografia desse Espírito na última vida foi dividida em duas etapas, cuja segunda retifica toda a trajetória da primeira, vivida dissolutamente. Este é, sem dúvida, um exemplo de transformação moral.

Isto posto, cabe dizer que a crítica biográfica interessa ao estudo das obras espíritas, assim como interessa à Doutrina o estudo das obras de um autor com visão de conjunto. E esse é também um filão ainda pouco explorado na literatura espírita. Honrosas exceções feitas aos estudos sobre a obra de André Luiz, psicografada por Chico Xavier, e a de Joanna de Ângelis, psicografada por Divaldo Franco.

Em relação à autora que inspira esta obra, esses fatores estão todos reunidos: faltam biografias sobre Amélia Rodrigues como uma autora espiritual ligando a sua última vida à sua obra, assim como a crítica biográfica de seus textos e estudos da obra à luz de critérios literários.

Sobre a obra de Amélia Rodrigues, identificamos apenas o estudo de Divaldo Franco, Enrique Baldovino e Regina Baldovino (2017), organizado a partir dos dez livros publicados até então e usados neste estudo, descritos mais adiante, na Introdução, ao qual denominaram de *Série Evangélica Amélia Rodrigues*. Este trabalho desses autores, que é um "conjunto de palavras e trechos-chave à guisa de dicionário", está organizado em dois volumes. O objetivo da obra é "oferecer aos leitores uma visão global da *Série*", direcionando o leitor para os textos referenciados, após cada entrada, cuja leitura, almejam os autores, possa inspirar melhoria íntima dos leitores.

Esses dois volumes

> [...] têm mais de 1.000 palavras-chave em forma de entradas principais, indicando vocábulos histórico-geográficos citados na comovente *Série*, nomes próprios da época evangélica e do contexto anterior e posterior à vinda do Cristo, termos doutrinários, personagens e lições do Evangelho e de todos os tempos, etc. (FRANCO; BALDOVINO & BALDOVINO, 2017, p. 15).

A preciosidade desse trabalho é a biografia de Amélia Rodrigues, escrita a partir do cotejamento de diversas fontes e que nos dá a dimensão da sabedoria e da sensibilidade desse Espírito na sua última existência em terras brasileiras, já vinculada ao grupo de trabalho do Cristo, que brevemente apresentamos na seção a seguir.

APONTAMENTOS SOBRE A VIDA E A OBRA DE AMÉLIA RODRIGUES

Sobre Amélia Rodrigues, há um breve relato biográfico nas orelhas das várias edições de seus livros publicados pela Editora Leal, que em sua última encarnação chamou-se Amélia Augusta do Sacramento Rodrigues, nascida a 26 de maio de 1861, na localidade de Santo Amaro da Purificação, na Bahia, e desencarnou a 22 de agosto de 1926, em Salvador, no mesmo estado.

Foi professora, poetisa, escritora e jornalista. Teve uma vida dedicada à educação. Desencarnada, continuou o seu trabalho de educadora e pôde dar maior expansão ao seu espírito ávido de conhecimentos. Aprofundou-se na Mensagem de Jesus e é hoje uma historiadora que integra a equipe de Joanna de Ângelis. Além disso, auxilia Divaldo Franco desde as suas primeiras palestras. Também pela psicografia deste médium, tem-nos legado uma coletânea de contos e um sem-número de mensagens avulsas e poesias de rara beleza e elevado senso ético.

Fora desse registro, há duas fontes que tomamos como confiáveis no trabalho de descrição sobre quem foi e o que fez Amélia Rodrigues, a saber: a obra *Amélia Rodrigues*, de Elizete Passos (2005), publicada na *Coleção Educadoras Baianas* – um reconhecimento que a Universidade Federal da Bahia dá a D. Amélia ao dedicar-lhe um volume nessa coleção –, a partir de pesquisas do Núcleo de Estudos Interdisciplinares sobre a Mulher, e a obra de Franco, Baldovino e Baldovino (2017), pelo extenso trabalho de levantamento e cotejamento de fontes sobre a vida dessa autora.

Passos (2005) afirma que "são poucas as informações conseguidas sobre a vida particular da educadora e escritora Amélia Rodrigues". Sobre sua atividade, elucida:

> No ano 1903, criou a Revista *A Voz,* órgão da Liga das Senhoras Católicas, sendo a única diretora. Ao mesmo tempo, dirigia o Asilo dos

> Expostos, sendo amada por todos e considerada uma verdadeira mãe para os usuários. A partir do ano de 1918, passou a residir na cidade do Rio de Janeiro e, em 1919, fundou a agremiação feminista denominada Aliança Feminina, período em que teve forte participação na imprensa católica. Faleceu no ano de 1926, sem honras nem recursos, mas com muita dignidade e reconhecimento, como indicam algumas das poucas manifestações a que tivemos acesso. Também houve quem afirmasse que, diante da sua obra e da luta que abraçou em favor do bem e das virtudes religiosas, ela não pode ter morrido, nem jamais morrerá. (PASSOS, 2005).

O livro de Passos tem como objetivo apresentar a educadora e está organizado em três partes, nas quais destaca, primeiro, as virtudes morais, os traços da personalidade e participação de Amélia em obras sociais; depois, focaliza o trabalho como educadora, destacadamente no campo da educação moral à luz do Catolicismo, cidadania e patriotismo, e, por fim, sua atuação feminista cristã em pleno começo do século XX. Além deste perfil, Amélia é vista como poetisa e escritora, mas o livro não se propõe à crítica literária.

Já o de Franco, Baldovino e Baldovino (2017) recompõe cronologicamente a biografia e dá muita ênfase à Amélia escritora, destacando os vários gêneros nos quais se registra sua produção: poemas, teatro, ensaios, artigos, contos, romances, alguns vertidos para o alemão e outros escritos em espanhol. Além disso, apresenta a Amélia educadora, enfocando um importante papel exercido pela autora na nacionalização (na verdade, na criação) do livro infantil brasileiro. Salienta, depois, as homenagens que Amélia recebeu, muitas delas póstumas. Finalizando, ressalta o trabalho de Amélia junto à Igreja e às mulheres.

Tanto a biografia de Passos (op. cit.) quanto a de Franco, Baldovino e Baldovino (op. cit.) reconhecem o humanismo de Amélia. O diferencial da escrita por Passos é que, de alguma forma, liga a educadora, escritora e poetisa que viveu na segunda metade do século XIX e começo do XX, à Amélia que desde a década de 60 inspira o trabalho de Divaldo Franco, primeiramente a partir das narrativas contadas nas palestras; depois, dos livros de contos, da *Série Evangélica* e de inúmeras mensagens avulsas. Já o diferencial do trabalho dos Baldovino é reconhecer Amélia como uma historiadora que, de fato, o é, e o faz a partir de uma fonte histórica prestigiada: a literatura do Mundo espiritual, tal como ela afirma em *Primícias do Reino*. Na Introdução deste livro, explicamos essa relação, dado que assumimos o mesmo ponto de vista.

Retornando pela mediunidade, a escritora antepõe aos contos, em vários livros, ensaios de natureza historiográfica: *Respingos históricos e Posfácio (Primícias do Reino), Antelóquio (Luz do mundo); Proginasma histórico (Quando voltar a primavera); Autenticidade histórica do Evangelho (Há flores no caminho); Síntese histórica (Pelos caminhos de Jesus); Notícias históricas (Trigo de Deus); ...Até o fim dos tempos (obra homônima).*

Um dos aspectos mais marcantes do trabalho dos autores citados está no fato de que reconhecem a autoridade de Amélia construída com o tema decorrente de 500 anos de conhecimento e vivência do Evangelho de Jesus, segundo afirmativa de Divaldo Franco. Por fim, outro diferencial desse trabalho é admitir que as habilidades não se perdem na Espiritualidade; ao contrário: a escritora antes conhecida como polígrafa, porque escrevia vários livros sobre diversos temas em gêneros literários, volta com as mesmas possibilidades. Através da mediunidade de Divaldo, encontramos os contos de Amélia, mas também há os livros infantis – *O Semeador* e *O Vencedor*. O primeiro, um clássico da literatura espírita infantil. Além desses, há alguns poemas, o mais conhecido é o *Poema da Gratidão*, psicografado por Divaldo Franco, em Buenos Aires, em 1962, e publicado no livro *Sol de esperança* (RODRIGUES, 1978), tornando-se este, desde então, o desfecho esperado nas conferências do médium e expositor baiano.

O presente trabalho debruça-se sobre contos do Espírito Amélia Rodrigues, analisando-os com um olhar psicológico. Porém, não há como pensar esse trabalho sem pensar na contraparte que é o médium Divaldo Franco, o qual apresentaremos brevemente a seguir. Antes disso, cabe dizer que Amélia e Divaldo formam um par sem o qual dificilmente teríamos acesso à (re)construção das primícias do Reino sob um olhar que conjuga história, poesia e humanismo.

Apontamentos sobre a vida e a obra de Divaldo Pereira Franco

Iniciamos esta apresentação afirmando que a literatura espírita carece de biografias, porém uma exceção pode ser feita no caso do médium e educador baiano Divaldo Pereira Franco. Há diversos livros sobre a sua vida que listamos aqui por ordem de preferência de leitura: Schubert

(2003, 2016), Franco e Said (2013), Franco, Baldovino e Baldovino (2017), Sinotti (2009), Pereira (1982), Camargo (2004), Worm (1977), Klein Filho (2011), Mello (2019).[1]

Ante a quantidade de referências, dado que essas são apenas as que conhecemos, seria não apenas imprudente tentar escrever uma biografia de Divaldo, como desnecessário ao propósito deste livro, não obstante a vida do médium seja tão importante para a crítica biográfica que defendemos quanto a vida anterior (ou as vidas anteriores) da autora espiritual. Por isso, optei por transcrever aqui o discurso de apresentação de Divaldo Pereira Franco que fiz, a convite da Federação Espírita Paraibana, por ocasião dos seus 90 anos de idade, comemorados em 2017. Segue o texto.

"Senhoras, senhores, queridos amigos e amigas, Muita paz a todos!

Inicialmente, gostaria de agradecer o convite da Federação Espírita Paraibana para, pela terceira vez, realizar a apresentação pública de Divaldo. Um convite da FEPB é para mim uma ordem de serviço, de modo que nem me atrevi a perguntar ao nosso presidente – Marco Lima – por que não procurou outros com mais talento textual e com mais intimidade com Divaldo. Acatei a ordem e cá estou, deslumbrada com a possibilidade de mais uma vez poder (re)

---

1. Os livros mencionados são, respectivamente: *O Semeador de Estrelas* (2003), *Divaldo e Joanna: uma história de amor* (2013), *Pérolas da Série Evangélica Amélia Rodrigues* (2017), *A jornada numinosa de Divaldo Franco* (2009), *A serviço do Espiritismo* (1982), *Divaldo Franco – a história de um humanista* (2004), *Moldando o Terceiro Milênio – vida e obra de Divaldo Franco* (1977), *Recordações de um apóstolo* (2011) e *Divaldo – O Mensageiro da Paz* (2019) (nota da editora).

Humano, Demasiado Humano: a transformação moral de Pedro

ler a biografia de Divaldo, mas também receosa de cansá--los com uma exposição monótona ou sem novidades, tanto porque muitos já conhecem o homenageado quanto pois já me viram fazer isso outras vezes.

Pois bem, vamos aos fatos...

Divaldo Pereira Franco dispensa apresentação. Certamente 80% dos que aqui estão (aproximadamente 2 mil pessoas), afora os que nos acompanham pela Internet, conhecem a sua biografia e a obra social que ele ergueu com seu amigo-irmão, Nilson de Souza Pereira, a Mansão do Caminho, departamento do Centro Espírita Caminho da Redenção, obra conhecida no Brasil e no exterior como instituição modelar para a atividade espírita.

Para esta apresentação, decidi seguir um percurso que tem muito mais a ver comigo do que com Divaldo. Vou então apresentá-lo a vocês a partir daquilo que nele me encanta.

Primeiro, encanta-me o que ele fala sobre si mesmo. Aliás, ele não esconde, sempre destaca que nasceu em 5 de maio de 1927. Ó quanto tempo! Creio que há pessoas nesse auditório cujos avós nem sequer tinham nascido em 1927! Mais velho do que ele e ainda encarnado só conheço a minha avó que nasceu em 1921! E, nonagenário neste auditório, acho que só há Azamor Cirne, cuja idade é quase a mesma ou um ano a mais que a de Di.

Sobre si mesmo, Divaldo diz duas coisas que admiro muito. A primeira delas é que já teve um corpinho de toureiro e hoje tem corpo de toureiro aposentado (sic)! A outra, de que gosto mais ainda, é que ninguém chega à sua idade sem ter sobrevivido e valorizado os naufrágios da vida. Quando penso nessas duas frases e tento aplicá-las a mim, a primeira me parece assustadora, pois logo me vejo como

Divaldo Franco/Denise Lino de Araújo

as musas da pintura impressionista: gorda e de cintura larga (Deus me livre!). Concordo com Divaldo que no mundo de regeneração essas comidas que engordam e nos deixam flácido(a)s, como cocada, feijão com farinha, cuscuz com ovo não deverão existir. Mas a segunda frase me inspira a pensar em também chegar aos 90 tendo sobrevivido e muito bem aos naufrágios e inspirando as meninas de 70, 60...

Dessas duas afirmações, duas palavras relativas a Divaldo me vêm à mente: bom humor e autoconhecimento!

Não obstante seus 90 anos (incompletos, é verdade! Digamos 89 e meio), Divaldo não se fechou nas experiências próprias dessa quadra vida. Aliás, nunca se fechou, sempre interagiu com os mais novos, com os jovens em especial. Recentemente, participou de uma *live* no Facebook com outro expositor – Haroldo Dutra –, numa demonstração de muita naturalidade com o meio e a mensagem. Uma palavra me parece definir isso: jovialidade.

Sobre ele e sua vinculação com Joanna de Ângelis, gosto muito de tudo o que ele já disse sobre o tema e sobre o que dizem seus biógrafos, mas o que mais me impressiona é ouvir inúmeras vezes sua narrativa sobre quando chegou do hospital após um cateterismo. Estava mais morto do que vivo. Era dia de mediúnica, e ele achava que naquele dia estaria poupado do comparecimento à reunião por justa causa. Quando relaxou para descansar, viu a própria Joanna lhe aparecer e afirmar peremptória que estava 100% morta e que já estava indo para a reunião. Então, como dizem os adolescentes, ele *se tocou* de que deveria ir e foi arrastado até a reunião, mas foi. Sempre que me lembro desta história, várias palavras-chave vêm à minha mente: disciplina, obediência, compromisso, resignação. Também penso: quem aguenta uma mentora assim? Só Divaldo!

Quando li *O Semeador de Estrelas* pela primeira vez, livro escrito por Suely Caldas Schubert, fiquei muito impressionada com as várias histórias, mas particularmente com a história da primeira palestra de Divaldo na Guatemala, em 1985. É uma história com vários detalhes, dos quais muito me emociona o da senhora idosa, paralítica, que falava asteca e maia. Divaldo imaginou que ela não havia entendido nada. Todavia, ao conversar com o neto, que a levara e era o intérprete dele, o jovem lhe disse que a senhora não apenas havia entendido tudo, como visto, porque vira um deus de sua tribo que lhe dissera para ir, levar os doentes e aleijados para o ouvir o "emissário do Senhor". Aquela senhora paralítica quase não se mexia, tinha ido a cavalo, puxado pelo neto, numa outra montaria. Naquela ocasião, Divaldo diz em sua narrativa a Suely que viveu emoções inenarráveis, dado que em sua presença, sob os auspícios de Joanna de Ângelis, viu paralíticos voltarem a andar. Com que palavra posso definir isso?! Penso que só pode ser *testemunho*.

Acompanhar sua trajetória e verificar que a maior parte do seu tempo é dedicado à psicografia de obras espíritas, mais de 200 livros integram a lista dos livros recebidos por ele e ditados por cerca de 219 autores e missivistas espirituais, em vários gêneros literários, como poesia, conto, romance, dissertação, narração, crônica e diferentes temas em Filosofia, Psicologia, Psiquiatria, comportamento, religião etc. Saber que os exemplares vendidos já alcançam mais de 10 milhões de unidades, dos quais 104 títulos já foram traduzidos para 16 idiomas, me leva a pensar nas palavras: *disponibilidade, fidelidade* e *entusiasmo*.

Saber que essa disponibilidade o leva a falar para diferentes públicos nos mais diversos lugares do mundo, de Salvador a Abu-dabi; de São Paulo a Lisboa, Paris, Colônia ou Bruxelas. E também anualmente na nossa Paraíba. Esse roteiro me faz pensar em *destemor*.

Porém, tudo isso, ainda que extraordinário, me faz pensar que fica pequeno ante duas iniciativas: (1) o Movimento Você e a Paz e (2) o Centro de Parto Normal Marieta de Souza Pereira, na Mansão do Caminho. A primeira iniciativa é um verdadeiro projeto de paz pela paz, de inclusão social, dado que as palestras são proferidas em diversas instituições, nos bairros periféricos, e inclusive a céu aberto, como na praça Castro Alves, em Salvador, e nas cidades que acolheram e implantaram o projeto. Quando o mundo busca uma saída, e o Brasil convulsiona porque não sabe o que fazer para conter rebeliões e violência urbana, essa iniciativa de educação de massas dá o indicativo de uma rota segura: levar a mensagem de Jesus a todos, indistintamente.

Quando penso no Centro de Parto Normal, que acolhe as gestantes e bebês, que educa para a reencarnação, vejo que estamos à frente da mais eficaz proposta de direito à vida, visto que não basta dizer que se não deve abortar, é preciso dar às mulheres-mães e aos seus filhos alternativas de vida, a começar pela dignidade do direito ao parto natural. Essas duas iniciativas me fazem pensar não numa palavra, mas em algumas expressões: *amor ao próximo, amor à vida, fidelidade à mensagem de Jesus.*

Por fim, caros amigos, senhoras e senhores, *bom humor, autoconhecimento, jovialidade, testemunho, destemor, disciplina, obediência, compromisso, resignação, disponibilidade, entusiasmo, amor ao próximo, amor à vida e fidelidade a Jesus* são alguns dos atributos de Divaldo Franco... Noventa anos de plena atividade, para alegria de todos nós! Que possamos ouvi-lo com espírito de aprendizado.

Muito obrigada!"
João Pessoa, Paraíba, Janeiro de 2017.

Isto posto, cabe dizer aos leitores que este livro se insere num campo em que há vazios, na tentativa de ocupar um espaço e inspirar outros textos. Se inspirarmos os leitores a irem à obra de Amélia Rodrigues aqui apresentada, teremos alcançado o principal objetivo.

O arrependimento de São Pedro
Guido Reni (1575-1642)

INTRODUÇÃO

Este estudo sobre a vida de Pedro tem duas fontes básicas de leitura: *O Novo Testamento*[2] (ONT), no qual consultamos os quatro Evangelhos, o livro de *Atos dos Apóstolos* e as duas Epístolas de Pedro, e a obra[3] de Amélia Rodrigues psicografada por Divaldo Pereira Franco, nas quais encontramos a contextualização histórica e psicológica que falta a muitas passagens de *O Novo Testamento*. Essa obra é tomada como referência central neste estudo e compõe-se até o presente dos seguintes livros:

1. *Primícias do Reino*. 3. ed. LEAL Editora, 1975 – Prefácio de 1967.
2. *Luz do mundo*. 3. ed. LEAL Editora, 1981 – Prefácio de 1971.

---

2. Edições consultadas: (1) Tradução da Sociedade Bíblica Trinitariana, Londres/Brasil, 1979. Companhia Nacional de Publicidade. (2) Tradução da CNBB, São Paulo/Brasil, Paulinas e Edições Loyola, 1997.

3. Para este estudo, consultamos apenas os seus livros de contos. Outras páginas avulsas em coletâneas de mensagens não foram consultadas.

3. *Quando voltar a primavera*. 5. ed. LEAL Editora, 1998a – Prefácio de 1976.
4. *Há flores no caminho*. 3. ed. LEAL Editora, 1992 – Prefácio de 1982.
5. *Pelos caminhos de Jesus*. 1. ed. LEAL Editora, 1988 – Prefácio de 1987.
6. *Trigo de Deus*. 2. ed. LEAL Editora, 1995 – Prefácio de 1992.
7. *Dias venturosos*. 1. ed. LEAL Editora, 1998 – Prefácio de 1997.
8. *...Até o fim dos tempos*. 2. ed. LEAL Editora, 2000 – Prefácio de 2000.
9. *A mensagem do amor imortal*. 1. ed. LEAL Editora, 2008 – Prefácio de 2008.
10. *Vivendo com Jesus*. 2. ed. LEAL Editora, 2013 – Prefácio de 2012.

Este trabalho foi realizado em duas etapas. Primeiro, identificamos de ONT as referências ao companheiro de Jesus; em seguida, identificamos os contos de Amélia nos quais Pedro é personagem, principal ou secundária. Desse trabalho de identificação, resultam três quadros: um com as referências dos Evangelhos, outro com as referências de Atos e o terceiro em que apresentamos os contos de Amélia com as referências de ONT por ela indicados. Estabelecido este panorama, o trabalho deixa de ser descritivo e passa a ser interpretativo. Nesse sentido, buscamos correlacionar passagens que nos permitam entender a mudança de personalidade empreendida pelo apóstolo, cujo marco central é a experiência da negação do Cristo. Demonstrar essa mudança é o principal objetivo deste trabalho.

A (re)leitura de *O Novo Testamento* é uma prática corrente no Movimento Espírita inaugurada pelo próprio codificador, que para isso dedica o terceiro livro[4] da Codificação, em cuja introdução podemos ler:

> O ensino moral do Cristo nos evangelhos é o terreno onde todos os cultos podem reunir-se... é roteiro infalível para felicidade vindoura ... Essa parte é a que será objeto exclusivo desta obra. [...] Muitos pontos dos Evangelhos, da Bíblia e dos autores sacros em geral são ininteligíveis, parecendo alguns até disparatados, por falta da chave que faculte se lhes apreenda o verdadeiro sentido. Essa chave está completa no Espiritismo, como já puderam reconhecer os que o têm estudado seriamente... O essencial é pôr o evangelho ao alcance de todos, mediante a explicação das passagens obscuras e o desdobramento de todas as consequências, tendo em vista a aplicação em todas as condições de vida. (KARDEC, 2013, p. 25-27).

O trabalho desenvolvido por Kardec nessa obra é pioneiro e original, pois abre mão do critério cronológico para extrair dos quatro textos evangélicos o que é capaz de dar-lhes coerência: o ensino moral do Cristo. Nesse ponto, segue sem similares. Além desse livro, o codificador também dedica a segunda parte de *A Gênese* (KARDEC, 1967) ao estudo dos milagres e das predições de Jesus.

---

4. Doravante *O Evangelho segundo o Espiritismo* será referido como OESE. Para este trabalho, consultamos a 131ª edição da FEB, tradução de Guillon Ribeiro.

Divaldo Franco/Denise Lino de Araújo

Muitas outras obras se dedicam ao assunto, examinando-o em diversos aspectos. O trabalho de Amélia se destaca entre estas pela reconstituição do contexto histórico e psicológico de muitas das passagens do Evangelho. Sua obra como autora desencarnada vem a lume com o trabalho de Divaldo Pereira Franco, primeiro como orador espírita, depois como médium psicógrafo, conforme ele mesmo narra no preâmbulo do livro *Primícias do Reino*. Todavia, já no prefácio do seu primeiro livro, a autora adverte: "Não pretendemos realizar trabalho de exegese evangélica por nos faltarem os mínimos títulos para tão grande empreendimento" (FRANCO; RODRIGUES, 1975, p. 16).

Outro aspecto notável de sua obra está nos vários textos em que narra eventos vividos por Jesus e seus companheiros, mas que não integram as fontes canônicas. A forma de narrar dá-lhes verossimilhança a ponto de, às vezes, nos surpreendermos tomando-os por passagens evangélicas. A autora, porém, tem a prudência de anotá-los, advertindo na introdução do livro *Dias venturosos*, conforme transcrevemos[5] a seguir:

> Reunimos, neste livro, narrativas que ouvimos e anotamos em nossas conversações íntimas no Além-túmulo, e que fazem parte das **suaves- -doces histórias do mundo espiritual**. Não se trata de fatos reais, de acontecimentos históricos, mas de interpretações de muitas das suas ocorrências que assinalaram o Seu Apostolado

---

5. Foram mantidas, *ipsis litteris*, as citações das edições referenciadas pela autora (nota da editora).

Humano, Demasiado Humano: a transformação moral de Pedro

> [de Jesus], e que passaram de geração a geração, tornando-se motivo de comentários felizes que se repetem entre nós, os desencarnados. (FRANCO; RODRIGUES, 1998, p. 13, grifos do original).

Em outros prefácios dos seus livros, Amélia chama a atenção para o fato de que os acontecimentos históricos são recontados a partir da sua ótica pessoal e aí se encontram o seu estilo e a sua percepção. Vejamos em que termos é feita essa ressalva em *Quando voltar a primavera*:

> [...] os escritos que se lerão não constituem um livro histórico sobre Jesus e Sua época. São respingares de fatos históricos e acontecimentos que ora obedecem à cronologia de Sua vida, ora se subordinam à nossa concepção, apesar de perfeitamente localizados nos textos e ocorrências evangélicas. (FRANCO; RODRIGUES, 1998a, p. 12).

Em *Trigo de Deus*, diz a autora:

> Suas lições são revistas pela nossa ótica pessoal, como resultado de comentários e apontamentos que recolhemos em nossa esfera de ação espiritual, tentando participar do esforço dos cristãos-espíritas interessados em reviver o Mestre, no seu dia a dia, quando se indagam:
> – **Nessa situação e circunstância em que me encontro, como faria Jesus?**
> São também recordações de que nos encontramos impregnada e que repassamos aos **puros de coração,** aos **pobres de espírito,** aos **simples** e

desataviados, **objetivando comer com eles o pão feito com o trigo de Deus**. (FRANCO; RODRIGUES, 1995, p. 12, grifos do original).

Feitas essas advertências, não resta nenhuma dúvida aos leitores de Amélia sobre qual é o quadro de referência por ela utilizado para falar sobre Jesus: as fontes espirituais e a sua memória, enriquecida pelas vivências no Mundo espiritual.

Quer recontando passagens, quer escrevendo textos "ficcionais", o estilo de Amélia é poético. Revela-se no emprego dos adjetivos – usados com uma habilidade invulgar. Neste está a sua força expressiva, tal como nas definições de Jesus – "o Rei Celeste" (*Primícias do Reino*, p. 30), "Galileu Incomparável" (*Luz do mundo,* p. 30), "Enérgico Rabi" (*Dias venturosos*, p. 147), "o Crucificado sem culpa" (*Pelos caminhos de Jesus*, p. 91), entre outras –, ou nas de Pedro, das quais muito nos serviremos e que estão citadas adiante. Revela-se também na composição de pares opositivos, compostos ora por grupos nominais (substantivos e/ou adjetivos), ora por advérbios, desvelando por vezes a força dramática escondida sob o lirismo de suas descrições, como em: "[...] a multidão O buscava quase exaurindo as forças inesgotáveis..." (*Há flores no caminho*, p. 116), "[...] o poder da força e a força do amor" (*Há flores no caminho*, p. 132), "A grandeza do justo e a pequenez do culpado" (*...Até o fim dos tempos*, p. 145), "Dia virá, porém, que não está perto nem longe..." (*Dias venturosos*, p. 31). Outra característica é a junção de qualidades, circunstâncias ou ações através da gradação de diferenças ou semelhanças semânticas, tal como se pode apreciar em: "[...] lecionando humildade e submissão" (*Há flores no caminho*, p. 94), "[...] o templo majestoso e extravagante" (*Dias venturosos*, p. 133), "Sua voz suave e forte" (*Dias venturosos*, p. 11), "[...] andando e exaltando a Deus" (*Dias venturosos*, p. 135), "[...] a vida singular e grandiosa de Jesus" (...*Até o fim dos tempos*, p. 13). Usando esse mesmo recurso, cria um efeito expressivo capaz de descrever os intrincados aspectos da personalidade ao utilizar substantivos compostos, nos quais, às vezes, reúne elementos opostos, outras vezes palavras do mesmo campo semântico. É o caso de: "Caifás era um infra-homem alçado à posição de super-homem" (...*Até o fim dos tempos*, p. 145), "[...] a ressurreição, essa dádiva-certeza" (*Dias venturosos*, p. 150). Ou ainda, verbos que, como se fossem substantivos, compõem um único vocábulo, como em: "[...] o que lhes era habitual: conciliar-ameaçando e libertar-intimidando" (*Dias venturosos*, p. 140).

O estilo da autora revela-se ainda no âmbito sintático através da utilização frequente de dois recursos: a composição de períodos adversativos que exprimem polos opostos de uma mesma relação e a composição de definições com uso de verbos de ligação, preferencialmente o verbo ser, tal como em: "[...] comiam o pão da verdade, mas não o digeriam" (*Primícias do Reino*, p. 74), "O homem chegou à Lua, mas não penetrou o próprio ser" (*Luz do mundo*, p. 12), "[...] identificava-lhes a fraqueza, mas não os amava menos" (Pelos caminhos de Jesus, p. 183), "[...] o importante não era vencer todas as pequenas batalhas, mas a decisiva" (*Há flores no caminho*, p. 92), "A esmola é recurso da indignidade humana" (*Dias venturosos*, p. 135), "O galopar do desespero é mais infrene do que o dos corcéis em disparada nos largos prados, a tudo destroçando e vencendo" (*Pelos caminhos de Jesus*, p. 184).

Divaldo Franco/Denise Lino de Araújo

A síntese descritiva pontuada por conhecimentos da geografia e dos costumes da época de Jesus é igualmente peculiar à autora, revelando a sua intimidade com aquela quadra, quando não por tê-la vivido pessoalmente, certamente por tê-la visitado e estudado de forma meticulosa.

Consideramos que o jogo de palavras utilizado para descrever os personagens, com forte ênfase para as suas reações psicológicas, em muito se antecipou à tendência de humanizar Jesus e os Seus seguidores,[6] tirando a aura mística que em muitas narrativas os envolve e os coloca num patamar inalcançável. O Pedro de Amélia, assim como a Madalena, é um sujeito do seu tempo, com as preocupações da sua época, sem deixar de ser o Espírito imortal que é, com as conquistas emocionais que já o singularizavam e com as demais que adquiriu na convivência com Jesus. E por ter estado como humano é que ainda hoje as suas ações ecoam entre nós carregadas de um magnetismo invulgar. A diferença entre ele e Jesus é que, sendo este o "Conquistador Celeste" (*Dias venturosos*, p. 133), mergulhado na dimensão humana, as suas são ações transcendentes. A esse respeito, tem a escritora também o cuidado de advertir o leitor, conforme dito na síntese histórica em *Pelos caminhos de Jesus*:

> Qualquer narrativa em torno da incomparável personalidade de Jesus ou da evocação dos

---

6. Veja a esse respeito, entre outros, Joanna de Ângelis, psicografia de Divaldo Franco, *O Evangelho à luz da Psicologia Profunda* (Editora Leal). Hanna Wolf, *Jesus na perspectiva da Psicologia Profunda* (edição Paulinas) e *Jesus Psicoterapeuta* (edição Paulinas). Recomendamos também Jean-Yves Leloup, *Caminhos do ser* (edição Paulinas), e *Jesus como Psicoterapeuta*, de Anselm Grün (Editora Vozes).

> Seus feitos insuperáveis, não pode prescindir de uma análise, perfunctória que seja, da terra onde Ele viveu e do povo que a habitava. Somente assim se poderá compreender a posição por Ele assumida ante as transitórias governanças política e religiosa então vigentes, características desse povo sofredor, obstinado e temente a Deus, que vivia num verdadeiro oásis e monoteísmo, situado no imenso deserto de politeísmo, no qual se desenvolveram as civilizações da antiguidade... (FRANCO; RODRIGUES, 1988, p. 15).

Em ...*Até o fim dos tempos,* diz:

> Tudo em Sua vida é uma aparente contradição que se enriquece de legitimidade em cada passo, após acurada reflexão. [...] Os Seus não-feitos *têm um significado* psico-sociológico mais poderoso do que todos os Seus atos. (FRANCO; RODRIGUES, 2000, p. 9).

Várias são as razões que dão credibilidade à obra dessa autora como fonte de estudo. Situando-nos no plano acadêmico, podemos citar os avanços da História nova, entre os quais florescem os estudos da História oral e da memória (cf. LE GOFF 1990; NORA 1993). Para essa corrente, os relatos de testemunhas, as tradições, os contos, a literatura oral são fontes tão importantes para os estudos históricos quanto os textos escritos ou outros objetos documentais. Ainda no campo da história, os estudos sobre a interseção entre História e literatura (SEVCENKO, 2003) levam à demonstração de que o testemunho literário pode ser tomado também como uma prova, haja vista que, por mais que o autor ficcionalize, tem como ponto de partida o estudo e a observação de tipos e fatos. Isto leva a entender a literatura como o testemunho de uma época, a seu modo, é claro! Não se procura na literatura a objetividade de um relato científico ou a descrição própria de um inquérito... O texto, sendo de outra natureza, permite entrever aspectos que os chamados "objetivos" não revelam. Saindo da literatura, mas ao mesmo tempo sem dela se desvincular, os estudos sobre a imbricação entre ficção e realidade (WALTY, 2016) permitem entender que aquilo que chamamos de realidade, de objetivo, não passa de uma construção para a qual têm grande importância os relatos ditos ficcionais ou baseados em fatos.

Essas são razões suficientes para apontar os méritos da obra de Amélia e a esta acrescentamos mais uma, o fato de tratar-se de produção mediúnica. Consideramos a mediunidade uma "ciência", no sentido apontado por Kardec no comentário à questão 20 de *O Livro dos Espíritos* (OLE),[7] conforme transcrevemos a seguir:

> Pode o homem receber, fora das investigações da ciência, comunicações de uma ordem mais elevada sobre aquilo que escapa ao testemunho dos sentidos?
> Sim, se Deus o julgar útil, pode revelar-lhe aquilo que a Ciência não consegue apreender.
> É através dessas comunicações que o homem recebe, dentro de certos limites, o conhecimento de seu passado e de seu destino futuro [comentário de Allan Kardec]. (KARDEC, 2011).

---

7. Doravante será mencionado OLE.

Humano, Demasiado Humano: a transformação moral de Pedro

A mediunidade ainda não é reconhecida pela Ciência oficial, mas, como informam os Espíritos que assessoraram Kardec, a Misericórdia Divina prevê que outras formas de conhecimento se instalem paralelamente à Ciência, e uma delas é a comunicação com Espíritos. A finalidade dessas outras formas é fazer os homens compreenderem aquilo que chamamos de verdade, cuja face é múltipla e modifica-se à medida que avançamos em conhecimento e emoção. Em seu comentário à questão acima apresentada, o codificador afirma ser através das comunicações mediúnicas que o homem recebe, dentro de certo parâmetro que não lhe perturbe as iniciativas ou lhe anule o livre-arbítrio, o conhecimento não alcançado pela Ciência. Nessa perspectiva, a mediunidade é uma fonte científica legítima.

Para nós, espíritas, a mediunidade, além de ser o canal de contato com o Mundo espiritual que nos cerca, do qual procedemos, é também campo de atividade científica nas suas várias dimensões. Nesse sentido, consideramos a obra de Amélia um documento. Com isso, não só corroboramos a expressividade da sua obra, cujas credenciais mais se intensificam pela vivência do médium, como lhe damos o estatuto de um *corpus*, isto é, repositório de informações dispersas a serem amalgamadas pela ação consciente do pesquisador guiado por princípios e procedimentos previamente determinados. Assim sendo, não apenas os aspectos significativos da vida de Pedro podem ser examinados, mas muitos outros.

Ratificamos a obra mediúnica como repositório de estudo por acreditar que no Mundo espiritual, por ser o mundo causal (conforme a questão 85[8] de OLE), há outras fontes

---

8. 85 – Qual dos dois, o mundo espírita ou o mundo corpóreo, é o principal na ordem das coisas? R – *O mundo espírita, ele preexiste e sobrevive a tudo.*

Divaldo Franco/Denise Lino de Araújo

(históricas) que têm muito a dizer sobre os "ditos de Senhor". Amélia confirma isto:

> Alguns apontamentos que se alongam além das anotações evangélicas ou que apresentam comentários não incertos nos escritos da Boa Nova, extraímo-los de obras consultadas em nosso plano de atividade ou são o resultado de esclarecimentos e comentários recolhidos em fontes históricas do lado de cá. (FRANCO; RODRIGUES, 1975, p. 16).

Assim, acreditamos que, se à Doutrina Espírita cabe a tarefa de restaurar o Cristianismo Primitivo, conforme afirma Léon Denis (1971, p. 35): *"[...] essa Doutrina é simplesmente a volta ao Cristianismo primitivo, sob as mais precisas formas, com um imponente cortejo de provas experimentais, que tornará impossível todo o monopólio, toda a reincidência nas causas que desnaturam o pensamento de Jesus"*, cabe-lhe a tarefa de ter os textos de *O Novo Testamento* como fonte de estudo. Este mesmo autor afirma também:

> Entretanto, a despeito de todas as vicissitudes [que sofreram as traduções], não hesitamos em admitir a autenticidade dos Evangelhos em seus primitivos textos. A palavra do Cristo aí se ostenta poderosa; toda a dúvida se desvanece da fulguração da sua personalidade sublime. Sob o sentido adulterado, ou oculto, sente-se a mão do grande semeador. Na profundeza desses ensinos, unidos à beleza moral e ao amor, sente-se a obra de um enviado celeste. (DENIS, 1971, p. 33).

Essas observações subjazem à obra de Amélia que cumpre a função de basear-se no cânone e de tomá-lo como fonte, mas ir além dele. E a autora faz isto com base no paradigma kardequiano, conforme adverte no "Antelógio" de *Luz do mundo*:

> [Este livro] Nada traz de novo que já não haja dito. Recorda, revive, atualiza feitos e palavras, cicia em musicalidade fraterna as expressões que conseguiram impregnar os séculos e não desapareceram, ora reapresentadas pelo **pensamento kardequiano**, encarregado de erigir o templo novo da fraternidade universal, delimitando as fronteiras do Reino de Deus, indimensionais como o próprio universo, que, no entanto, começa no coração e na alma do homem atribulado de todos os tempos. (FRANCO; RODRIGUES, 1981, p. 15, grifo da autora).

Além disso, a autora afirma em ...*Até o fim dos tempos* (p. 11): "Não tivemos a preocupação de obedecer à ordem cronológica dos acontecimentos. Fizemos as narrativas conforme as ocorrências dos dias em que foram escritas".

Portanto, o risco que alguns espíritas admitem existir quando textos como os de Amélia são apresentados, posto que muitos deles revelam fatos que não estão nos livros canônicos e por isso não seriam fiéis a *O Novo Testamento*, é, na nossa opinião, um atavismo religioso e um desconhecimento de que autores espirituais sérios, utilizando-se de médiuns idôneos, fazem avançar a Ciência, a literatura e as artes.

Por fim, cabe dizer que este livro, baseado na obra de Amélia Rodrigues, não tem a pretensão de ser uma biografia de Pedro. Perseguimos o objetivo de apresentar um roteiro de leitura dos contos dessa autora que focalizam este insigne personagem do Cristianismo nascente. Assim sendo, procuramos organizá-lo em capítulos curtos, em linguagem acessível, entremeando análises pontuais às afirmações da autora espiritual. Apresentamo-lo agora ao leitor como uma modesta contribuição ao seu estudo sobre como o amor a Jesus modifica a vida dos que Lhe seguem os passos.

São Pedro
Gerrit van Honthorst (1592-1656)

O CONTEXTO
DE PEDRO

Dos seguidores diretos de Jesus, Pedro é um daqueles cuja biografia pode ser em grande parte reconstituída. Se, por um lado, não há referências precisas a respeito de sua história familiar e de sua juventude, por outro há uma série de informações sobre parte de sua vida adulta e de sua velhice. Essas referências são cheias de detalhes, alguns pitorescos, outros de grande densidade emocional e outros mais ainda plenos de humildade, compaixão, fraternidade e de coragem, o que nos permite entrever uma mudança psicológica em sua personalidade.

Segundo René Laurentin (1997, p. 8), há 150 referências ao nome Pedro em ONT. E só por isso já se pode dimensionar a sua importância como participante da história narrada nesse livro. Ainda que hipoteticamente possamos narrar a vida de Jesus sem fazer uma referência direta a Pedro, o mesmo não se pode dizer da vida desse Seu colaborador. Narrar os fatos da sua vida obriga-nos a verificar que Jesus é parte integrante e inseparável do seu contexto histórico e psicológico.

Sem dúvida, ele é um dos colaboradores mais assíduos de Jesus. Os Evangelhos o apresentam como o Seu frequente interlocutor, como no episódio do perdão e no das recompensas. Sua posição era de tal relevo entre os demais colaboradores que os evangelistas o colocam como o primeiro discípulo a ser nomeado por Jesus (Mc., 3:16; Lc., 6:13-17; Jo., 1:42), não obstante a narrativa de João faça referência a André como o primeiro do grupo que esteve com Jesus (Jo., 1:40-41). É Pedro também quem faz constatações inusitadas ("Como saber quem Te tocou?" – Lc., 5:45; "Mestre, veja a figueira que amaldiçoaste" – Mc., 11:21; "É Jesus que anda sobre a água!" – Mt., 14:28), o que demonstra bem, num primeiro momento, a sua dificuldade de compreender o Mestre. É também a "testemunha insofismável da transfiguração no Tabor" (Mt., 17:1-13; Mc., 9:1-9; Lc., 9:28-37), da cura da filha de Jairo (Lc., 5:51) e a da sua própria sogra (Mt., 8:14; Mc., 1:30-31; Lc., 4: 38-39), entre outras. Além disso, Pedro destacou-se por dois fatos singulares: a negação de Jesus (Mt., 26:75; Mc., 14:66-74; Lc., 22:55-60; Jo., 13:16-38) e a reorganização do grupo de seguidores após a materialização do Mestre, com a posterior fundação da Casa do Caminho, conforme narra Emmanuel em Paulo e Estevão, ou a chamada Igreja de Jerusalém, conforme narra Lucas em Atos, 4:34-35.

As tabelas apresentadas a seguir indicam as citações de Pedro que identificamos em ONT e que estão diretamente relacionadas ao trabalho que empreendemos. É possível que uma ou outra citação tenha passado despercebida, mas desde já lembramos que estes quadros são meras referências de leitura.

Humano, Demasiado Humano: a transformação moral de Pedro

Tabela I – Referências sobre Pedro em *O Novo Testamento*

Episódios	Mateus	Marcos	Lucas	João
O encontro de Pedro com Jesus	4:18-20	3: 16		
A cura da febre da sogra de Pedro	8:14	1:30-31	4:38-39	
Pedro anda sobre as águas	14:28-31			
Pedro pede explicação de parábolas	15:15			
Pedro reconhece Jesus como o Cristo	16:13-20	8:29	9:20	
Pedro pede a Jesus que não vá a Jerusalém	16:22	8:32		
Jesus repreende Pedro	16:23			
Pedro presencia a transfiguração no Tabor	17:1-13	9:1-9	9:28-37	
Jesus instrui Pedro a pagar impostos	17:24-27			
Pedro pergunta sobre o perdão	18:21-22			
Pedro pergunta sobre recompensas	19:27-28	10:29-30	18:28	
Pedro acompanha Jesus ao Getsêmani	26:37-41	14:32-36	22:39	18:15-17
Pedro afirma tudo deixar para seguir Jesus	26:33	14:29-31	22:33	
Pedro fere o servo do sumo sacerdote	26:51	14:47	22:49-50	18:10-11
Pedro assiste ao 1° interrogatório de Jesus	26:53-69	14:54		
Pedro nega Jesus três vezes	26:75	14:66-72	22:55-60	13:16-38
Pedro segue Jesus		1:36, 5:37	22:54	
Pedro é nomeado		3:16	6:13-17	1:42
Pedro aponta a Jesus a figueira seca		11:21		
Pedro e outros fazem perguntas a Jesus		13:3		
Jesus admoesta Pedro a estar vigilante		14:37		
Jesus manda recado a Pedro por Madalena		16:7		
Jesus usa o barco de Pedro			5:3	
Jesus diz a Pedro para pescar			5:4-5	21:6
Pedro reconhece a autoridade de Jesus			5:8	
Jesus convida Pedro a pescar almas	4:19	1:17	5:10	
Pedro diz a Jesus que alguém da multidão o tocou			8:45	
Pedro, Tiago e João testemunham a cura da filha de Jairo			8: 51	

Divaldo Franco/Denise Lino de Araújo

Episódios	Mateus	Marcos	Lucas	João
Pedro pergunta a Jesus se a parábola é para eles e para todo o povo			12: 41	
Pedro e João preparam o jantar da Páscoa	26:17-30	14:12-16	22:8	
Jesus adverte Pedro de que ele O negará três vezes	26:35	14:31	22:34	
Jesus adverte Pedro de que espíritos maus o espreitam			22:31	
Jesus diz a Pedro para amparar os irmãos			22:32	
Pedro troca olhares com Jesus na hora em que o galo canta			22:61	
Pedro se arrepende			22:62	
Pedro vai ao sepulcro			24:12	20:3-5
Corre a notícia de que Jesus apareceu a Pedro			24:34	
Pedro diz-se fiel ao Mestre	26:33	14:29	22:33	6:68-69 13:37
Jesus lava os pés de Pedro e dos discípulos				13:6-9
Madalena conta a Pedro que o sepulcro está vazio				20:2
Jesus aparece aos discípulos em Tiberíades				21:1-14
Jesus pergunta se Pedro O ama				21:15-18
Jesus diz a Pedro que O siga				21:19-22

Fonte: Os autores

Tabela II – Referências sobre Pedro em *Atos dos Apóstolos*

O Cenáculo	1:13	Pedro orienta os apóstolos	5:29
1° discurso de Pedro	1:16	Pedro e João vão à Samaria	8:14
2° discurso de Pedro	2:14	Pedro defende a gratuidade da mediunidade	8:20-21
"Institui o Batismo"	2:38	Pedro vai à Lida	9:32
Pedro cura	3:6	Pedro cura	9:34
3° discurso de Pedro	3:12-26	Pedro ressuscita Tabita	9:39-43

Humano, Demasiado Humano: a transformação moral de Pedro

Prisões e "fugas"	4:3, 5:18, 12: 3-4, 12:6-11	Pedro tem uma visão	10:9-22
Pedro é interrogado	4:7	Pedro é adorado	10:25-27
Pedro e João reconhecem autoridade de Jesus diante do Sinédrio	4:19	Pedro faz pregação	10:34-44
A mediunidade de Pedro	5:3	Pedro reconhece que o Espírito Santo recai também sobre os gentios	10:47, 11:17
Pedro é reconhecido como portador do dom de cura	5:15	Pedro aplaca contenda	14:17-12

Fonte: Os autores

Acreditamos que, para entender as dimensões de personalidade de Pedro, de uma perspectiva espírita e psicológica, precisamos rastrear alguns dados históricos e sociais de sua existência, a fim de que possamos melhor compreender certos condicionamentos, atitudes culturais e, consequentemente, transformações.

Nenhuma criatura vem ao mundo numa inocente solicitude. A sua reencarnação obedece a um projeto pessoal de evolução, supervisionado por Espíritos superiores, conforme atestam as obras subsidiárias à Codificação.[9] Embora a evolução seja pessoal e intransferível, ela se dá num contexto social, tal como indicam os inúmeros fatos de nossa vida e como ratificam os Espíritos a Kardec na questão 768[10] de OLE. Assim, Pedro teve a sua história particular, sua bagagem de aquisições morais e intelectuais (cf. OLE, q. 366) colocadas na reencarnação num contexto socio-histórico que facultou o desenvolvimento de suas potencialidades.

Vale aqui ressaltar que não integra as nossas convicções a tese de que o "meio faz o homem". Acreditamos que o

---

9. A esse respeito, ver numerosos exemplos na obra de André Luiz e de Manoel Philomeno de Miranda, a primeira através da psicografia de Francisco Cândido Xavier, e a segunda, da psicografia de Divaldo Pereira Franco.

Divaldo Franco/Denise Lino de Araújo

embate com o meio social enseja as condições de progresso ao Espírito reencarnado, qualquer que seja o seu nível evolutivo. Portanto, a análise sobre o processo de evolução deve levar em conta as condições sociais e históricas, aliadas ao perfil psicológico, e deve verificar como o Espírito suportou as provas, como as superou ou, em muitos casos, infelizmente, sucumbiu-lhes.

Sobre Pedro, sabemos a partir das informações de ONT que era filho de certo Bar Jonas; era natural de Betsaida (Jo., 1:44), localidade próxima ao lago de Genesaré, também chamado de Tiberíades; era pescador, em associação com seu irmão André e também com Tiago e João, mais conhecidos como os filhos de Zebedeu; sabemos que foi casado a partir do episódio da cura de sua sogra por Jesus, embora não haja referência à sua esposa (Mt., 8:14). Sabemos também que ele instalou-se em Cafarnaum (Mc., 1:29) e, ao seu tempo, toda a Judeia estava sob o domínio romano, havia, portanto, uma administração romana para os negócios, a defesa, relações diplomáticas e policiais, e havia uma administração político-religiosa judaica, que não era totalmente independente da primeira, levada a cabo pelos representantes dos principais grupos religiosos, notadamente os fariseus. A seu respeito e

---

10. OLE, questão 768 – Procurando a sociedade, não fará o homem mais do que obedecer a um sentimento pessoal, ou há nesse sentimento algum providencial objetivo de ordem mais geral?
"O homem tem que progredir. Insulado, não lhe é isso possível, por não dispor de todas as faculdades. Faculta-lhe o contato com outros homens. No insulamento, ele se embrutece e estiola."
[Comentário de Kardec] Homem nenhum possui faculdades completas. Mediante a união social é que elas umas às outras se completam, para lhe assegurarem bem estar e o progresso. Por isso é que, precisando uns dos outros, os homens foram feitos para viver em sociedade e não insulados.

dos que com ele andavam, disse-se em Atos, 4: 13 e Jo., 7:49 que eram incultos e ignorantes.

Amélia Rodrigues, em "Pescadores de almas", na obra *Trigo de Deus*, caracteriza Cafarnaum como um lugar onde:

> [...] todos se conheciam. Suas praias e ancoradouros sempre regurgitavam de pescadores, de negociantes, de *homens da terra*. [...] Homens rudes e generosos, em face do trabalho a que se dedicavam, confraternizavam com vinhateiros, agricultores, as gentes humildes, que raramente se envolviam com as questões discutidas nas sinagogas, desinteressadas dos problemas das classes abastadas. (FRANCO; RODRIGUES, 1995, p. 17 a 23, grifos do original).

E, nesse mesmo texto, assim a autora apresenta Pedro:

> Simão, também conhecido como Cefas, era irmão de André, ambos pescadores. As suas preocupações restringiam-se às necessidades básicas da família, da vida. Sem aspirações maiores, limitavam-se à faina da pesca, à venda dos frutos do mar e aos deveres consequentes de uma existência simples. (FRANCO; RODRIGUES, 1995, p. 23).

Isto é tudo o que se sabe sobre Pedro antes do seu encontro com Jesus, pois sua biografia começa a ser escrita a partir do seu encontro com o Mestre, e aqui a descrevemos em quatro fases: o encontro, a convivência, a negação e o soerguimento. Essas fases serão objeto do próximo capítulo.

Divaldo Franco/Denise Lino de Araújo

Antes, porém, apresentamos um quadro síntese das referências a Pedro na obra de Amélia Rodrigues.

Tabela III – Referências a Pedro na obra de Amélia Rodrigues

Conto	Fonte na obra de Amélia	Referência para consulta indicada pela autora			
		Mt.	Mc.	Lc.	Jo.
1. O Tabor e a planície	*Primícias do Reino*, 117 a 124	17:1-13	9:2-8	9:28-36	
2. Simão Pedro: pedra e pastor	*Primícias do Reino*, 185 a 194				21:1-25
3. Brandos e Pacíficos	*Quando voltar a primavera*, 35 a 38				
4. Cingindo-se, lavou os pés	*Quando voltar a primavera*, 121 a 128	26:17-30	14:17-31	22:7-30	13:1-35
5. Pescador de Homens	*Luz do mundo*, 72 a 79			5:1-11	
6. O Esperado	*Luz do mundo*, 136 a 142	17:9-13			
7. Balizas de luz	*Luz do mundo*, 198 a 205	Atos, 3: 12-15			
8. Por amor a Jesus	*Há flores no caminho*, 41 a 47				
9. Simão força e fraqueza	*Há flores no caminho*, 91 a 95			22:31-32	
10. Resistência contra o mal	*Há flores no caminho* 103 a 108				
11. O condutor autêntico	*Há flores no caminho*, 109 a 114				
12. O rebanho e o pastor	*Há flores no caminho*, 115 a 120				
13. No longe dos tempos	*Há flores no caminho*, 127 a 131				
14. Herdeiros da Terra	*Pelos caminhos de Jesus*, 61-65				
15. Na Transjordânia, a liberdade	*Pelos caminhos de Jesus*, 69-74	10:28-31			
16. Amor sem limite	*Pelos caminhos de Jesus*, 91-96				
17. O poema do perdão	*Pelos caminhos de Jesus*, 167-171	18:21			
18. ...Fortalece os teus irmãos	*Pelos caminhos de Jesus*, 181-185			22:31-34	
19. Pescadores de almas	*Trigo de Deus*, 17 a 23	4:19			
20. Três vezes O negou	*Trigo de Deus*, 133-136			22:31-34	

Humano, Demasiado Humano: a transformação moral de Pedro

Conto	Fonte na obra de Amélia	Referência para consulta indicada pela autora			
		Mt.	Mc.	Lc.	Jo.
21. Apascenta o meu rebanho	*Trigo de Deus*, 137-140				21:15-23
22. O reino dos céus	*Dias venturosos*, 26-31				
23. Arrependimento e paz	*Dias venturosos*, 123-126				
24. Nem prata nem ouro, mas...	*Dias venturosos*, 132-136	Atos, 3:1-10			
25. Silêncio impossível	*Dias venturosos*, 137-141	Atos, 4:1-22			
26. Tempos de refrigério e restauração	*Dias venturosos*, 142-146	Atos 3:11-19			
27. A Casa do Caminho em luz	*Dias venturosos*, 147 a 152	Atos, 5:15-16 e Atos, 6:38-42			
28. Mediunidade – vínculo de luz	...*Até o fim dos tempos*, 27-32	6:16-19			
29. A espada e a cruz	...*Até o fim dos tempos*, 143-148	26:51	14:47	22:49	18:10
30. Sou um homem pecador	*A mensagem do amor imortal*, 12-16		5:1-11		

Fonte: Os autores

São Pedro (pintura a óleo)
Pompeo Girolamo Batoni (1708-1787)

540 PEDRO (PINTURA) A OTTOL
Pompeo Girolamo Batoni (1708-1787)

O ENCONTRO
COM JESUS

Pedro entra para a "vida pública" por causa de Jesus. Os relatos evangélicos de Mateus, Marcos e João narram a história segundo duas perspectivas. De acordo com os dois primeiros (Mc., 1:16-18 e Mt., 4:18-20), Jesus começou as suas primeiras pregações em Cafarnaum e, andando junto ao mar, viu os irmãos Pedro e André, que lançavam redes, oportunidade na qual lhes disse: "Vinde após mim e eu vos farei pescadores de homens". Dizem os evangelistas, *ipsis litteris*, que eles, "deixando logo as suas redes, seguiram-nO". Segundo o Evangelho de João, os sócios de Pedro, mais especificamente o seu irmão André (Jo., 1:40), tornaram-se discípulos de João Batista, de quem haviam ouvido a revelação de que Jesus seria o "cordeiro de Deus" (Jo., 1: 36). André teria incontinente seguido Jesus e passado um dia com ele. De volta, deu a notícia a Pedro e o levou até o Mestre; nessa ocasião, Ele teria dito: "Tu és Simão, filho de Jonas; tu serás chamado Cefas" (Jo., 1:42). O evangelista Lucas não narra esse encontro de Pedro com

Jesus, mas diz (4:38-39) que: "Ora, levantando-se Jesus da sinagoga, entrou em casa de Simão; e a sogra de Simão estava enferma com muita febre, e rogaram-lhe por ela. E, inclinando-se para ela, repreendeu a febre, e esta a deixou. E ela, levantando-se logo, servia-os".

Desses relatos destaca-se, do texto de Mateus e Marcos, o fascínio de Pedro por Jesus, que deixa tudo e O segue. Este mesmo fascínio pode ser também inferido a partir do texto de João, porém, o texto deixa claro que Pedro teve a curiosidade de saber quem era o Messias de quem lhe falava o seu irmão e vai conhecê-lO. Ao encontrar-se com Jesus, este o nomeia de Cefas, que significa *rocha*, ou seja, designou Pedro por epíteto que sinalizava para a força da sua personalidade como será demonstrado ao longo desta obra e para sua importância no edifício do movimento de renovação da Terra que se iniciava ali. Ora, por que Jesus faria isto? Se perseguir uma interpretação literal do texto, o leitor poderá ter duas alternativas: ou entender que João deixou de relatar algo, pois como é que um estranho nomeia outro sem o conhecer, ou dar uma interpretação sobrenatural, porque nem sequer fez um convite a Pedro, nomeia-o apenas e isto foi bastante para o pescador segui-lO. O Evangelho de Lucas, por sua vez, dá pistas de certa convivência de Jesus com Pedro ao afirmar que o pescador O recebera em sua casa e tivera a sogra curada. Parece razoável entender que quem entra na casa de outrem o faz a partir de um convite e é alguém que priva de intimidade a ponto de poder dar um epíteto que guarde as marcas da afetividade.

Independentemente da divergência desses relatos, eles têm em comum a indicação do magnetismo indescritível de que Jesus era e é portador, pois os relatos, neste caso especí-

Humano, Demasiado Humano: a transformação moral de Pedro

fico, dão conta desse "arrebatamento" de Pedro. De acordo com Mateus, ele simplesmente O seguiu; segundo João, o pescador desejou ir ao encontro do Mestre tão logo soube que ele existia; e conforme Lucas, Pedro franqueou-Lhe a casa e dividiu o problema que o afligia: a doença da sua sogra. Esse fato não é isolado, são também sensibilizados de mesma forma Mateus, Zaqueu, a mulher hemorroíssa e outros.

Somos inclinados a acreditar que algum tipo de "convivência" deve ter existido para que Pedro se deixasse seduzir pelo convite. Os fatos nos permitem alguma especulação. Outros episódios da vida de Pedro nos sugerem que o arrebatamento indicado pelos evangelistas é bastante subjetivo. Uma personalidade como a dele, que mais tarde busca junto a Jesus o valor exato sobre o número de vezes que deveria perdoar (Mt., 18:21), que inquire sobre quem eram os interlocutores reais de determinada parábola (Mt., 15:15), que questiona qual será a recompensa daqueles que tudo deixaram para segui-lO (Mt., 19:27), precisa de evidências objetivas da superioridade de Jesus para poder acompanhá-lO. A cura da sogra é um evento desta natureza, pois se constitui em uma prova de que Jesus não blasonava, assim como a pesca milagrosa relatada em Lucas, 5:8.

Depois dessas observações, mesmo que apostemos todas as fichas numa convivência zero e que os fatos se deram conforme as narrativas de Mateus e Marcos ou a de João, não nos esqueçamos de que as reencarnações são planejadas e a vida de um dos mais diretos e diletos colaboradores de Jesus não se faria ao acaso. É bem possível que em Pedro a lembrança dos compromissos acertados fosse ativada ao encontrar-se com o Mestre.

Em vez de dar uma conotação sobrenatural aos relatos dos evangelistas, preferimos entendê-los como o resumo de situações histórica e psicologicamente construídas. Nesse sentido, o texto de Amélia, "Pescadores de almas", na obra *Trigo de Deus*, é bastante expressivo. Narra a autora que:

> [...] Simão era homem céptico, sem sutilezas de comportamento. Portador de conflitos humanos naturais, enrijecera a fibra moral na atividade a que se entregava, desinteressando-se praticamente de tudo mais. Ouvindo as informações e sentindo o entusiasmo ingênuo dos amigos, experimentou um desconhecido ressentimento do estranho Profeta, que certamente era mais um mistificador [...].
>
> Recusou-se a ir ouvi-lO. Algo, porém, remoía-se-lhe intimamente, e uma estranha curiosidade o empurrou pela madrugada do Sábado, a ir ao lugar onde Ele iria apresentar-se. [...] Quando ia prosseguir, uma mulher, que trazia nos braços uma criança cega, rogou:
>
> – Senhor, cura minha filha, e eu Te seguirei.
>
> Os olhos da multidão, n'Ele cravados, voltaram-se na direção daquela que se atrevera a interrompê-lO. Por encontrar-se atrás de Simão e porque, trêmula, chorava, o pescador tomou-lhe a menina nos braços e avançou até a primeira fila.
>
> Jesus acercou-se e mergulhou, nos olhos de Simão, o seu doce olhar sem uma palavra. No entanto, emocionado, ele pareceu escutar no íntimo, a Sua voz, que dizia: Eu te conheço, Simão, desde ontem... [...] Simão, profundamente comovido, desceu a Cafarnanum. Já não era o mesmo.

> [...] Foi nesse estado de espírito que numa formosa manhã, enquanto organizava as redes com o irmão, foi surpreendido pela presença do Amigo, que se lhe acercou e, com uma voz inesquecível, convidou-os: – Segui-me, e eu vos farei pescadores de homens. (FRANCO; RODRIGUES, 1995, p. 17-23).

Acreditamos que esse relato atende ao critério de historicidade inerente às mais diversas situações e ao critério de perfil psicológico, dominante em qualquer criatura. Do contrário, somos levados a entender que Pedro, a despeito de sua enorme boa vontade, era um fantoche nas mãos de forças estranhas, porque ora segue incontinente o Mestre e depois Lhe pergunta sobre as recompensas, ora admite seguir com Jesus até a morte (Lc., 22:33), no entanto, depois O nega (Mt., 26:75).

O Pedro descrito por Amélia é um Espírito reencarnado premido por situações próprias de seu tempo – o árduo e arriscado trabalho no mar, os impostos pagos ao governo estrangeiro que não os devolvia em benfeitorias, o ambiente místico e povoado de regras de falso fundo religioso. Ela o aponta como céptico e sem sutilezas de comportamento, o que permite entender algumas ações de sua vida, tal como o impulso para ferir o servo do sumo sacerdote (Mt., 26:51; Mc., 14:47; Lc., 22:49 e Jo., 18:10-11). Da mesma forma, a desconfiança inicial e a em relação a Jesus são naturais, ainda que se tratando de um dos Seus colaboradores mais diretos. Estes sentimentos decorrem do próprio embate em que se encontrava: primeiro, como Espírito reencarnado; segundo, como homem do povo. Com as percepções espirituais "adormecidas", essa desconfiança é, por um lado, fruto da evidência da situação: um lugar cheio de místicos, de profetas (cf. *Luz do mundo*, p. 136), não havia muito tempo, João Batista tinha sido reconhecido como tal; por outro lado, as tradições religiosas apregoavam a vinda do libertador como um fato notório e não da forma subjetiva como se dava com os seus companheiros, conforme o conto deixa entrever. Além disso, as evidências da luta pela sobrevivência não podiam ser apagadas, ainda mais num tempo que não era exatamente de fartas conquistas sociais.

No conto, o arrebatamento de Pedro, tal como narrado em Mateus, é claramente assinalado. O cruzamento dessas fontes evidencia que tudo o mais pode ser questionado, menos que Jesus exerceu um fascínio invulgar sobre o pescador de Cafarnaum.

O destaque que o texto de Amélia dá a esse momento de encontro é elucidativo. Pedro necessitava de pelo menos um encontro, de um "chamamento", para que as suas potencialidades adormecidas despertassem e a lembrança emocional do seu compromisso viesse à tona ("[...] eu te conheço desde ontem"). A autora diz que: "O que se passou nele modificou-lhe a vida para todo o sempre". Vale destacar que algo se "passou" em Pedro, houve uma espécie de (des)acomodação de sentimentos, da forma de pensar, e uma nova forma de pensar, talvez ainda não definitiva, bem como novos sentimentos passaram a ser gestados pelo pescador. Nesse espaço, que é psicológico, mas que deve ter sido também físico, cronológico, é que se pode entender ter Jesus passado, posteriormente, e, vendo-o no mar, chamou-o ou que Pedro decidiu-se ir até Ele, aproveitando o convite feito pelo seu irmão.

Qualquer que seja a opção para descrever a história, o importante é entender que a ação de Pedro é uma ação humana, motivada por determinados condicionamentos. É tão tipicamente humana que ainda hoje se repete... Quantos são os seguidores de ídolos fabricados pela mídia e pelo cinema?... Quantos são os seguidores de imagens peregrinas?... Quantos são os seguidores de determinados líderes religiosos?... Quantos são os seguidores de Jesus que nem sequer sabem ler, mas se sentem por Ele atraídos a partir das histórias que ouviram? Se isto se dá nos dias de hoje, em que tão difundido é o racionalismo e várias são as possibilidades de entretenimento, qual não foi a sua força no tempo de Pedro?

É importante enfatizar que, imersa no paradigma kardequiano, Amélia ressalta um fenômeno de ordem causal: "Jesus é Senhor do Mundo, a Causa anterior existente" (cf. *Primícias do Reino*, p. 35). É o Espírito mais perfeito que já veio à Terra (OLE, q. 625), o Governador da Terra (EMMANUEL; XAVIER, 2006, e ÁUREO; SANT'ANNA, 1980), que (re)conhece Pedro e os demais no anonimato de suas vidas. Em *A mensagem do amor imortal*, Amélia afirma: "Conhecia-os a todos, desde há muito..." (p. 15), e não o contrário. Os discípulos só reconhecerão Jesus como o Messias através de um demorado processo de (re)conhecimento, por meio do testemunho dos fatos, e essa assunção dá-se apenas após a crucificação. No caso específico de Pedro, ele só irá reconhecer o Mestre bem adiante e ainda assim por via mediúnica, no famoso episódio selado pela frase: "Tu és o Cristo, o filho de Deus!" (Mt., 16:16; Mc., 8:29; Lc., 9:20).

Essa tese da causalidade aparece também em outro texto de Amélia. Em "Pescador de homens" (cf. *Luz do mundo*, p. 72-79), o arranjo textual aponta que Jesus estava em atividade de pregação e de curas nas regiões próximas a Cafarnaum, de modo que o povo reunia-se na praia para ouvi-lO. Numa dessas oportunidades, utilizou-se da barca de Pedro como tablado. Depois de haver consolado o povo, voltou-se para Simão, instruindo-o a lançar ao mar as redes de pesca. O pescador, que O ouvira antes, e, segundo a autora, acompanhara-O desde Bèthara, na volta de Jerusalém, não entendera tudo o que Ele falara, por isso redarguiu dizendo que passara a noite no mar e nada conseguira. Jesus insistiu para que Pedro fizesse o que lhe indicava, e o pescador, reconhecendo a Sua autoridade, protagonizou a cena narrada por Lucas (5:5-11), afirmando que, sobre a autoridade da Sua palavra, lançaria as redes.

Ora, por que Pedro fez isto? Nesta cena, a autoridade era ele, pois ao que se sabe Jesus nunca fora um homem do mar, e Pedro, ao contrário, era pescador por profissão. Em que circunstâncias um pescador experiente e que acabara de passar a noite no mar tentando pescar se submeteria às ordens de um carpinteiro? Parece-nos que só o magnetismo de Jesus pode explicar. A onda de confiança transmitida pelo Mestre em Suas palavras deve ter tocado o pescador a ponto de fazê-lo rever a sua própria afirmativa e lançar-se de volta ao lugar de onde nada retirara em uma noite de trabalho. Ademais, não nos parece demasiado afirmar que, se Pedro já acompanhara o Mestre em uma ou algumas de suas caminhadas, começa a entender que Aquele era um Homem Invulgar. Segundo Amélia, nesse episódio, o

Humano, Demasiado Humano: a transformação moral de Pedro

pescador já havia testemunhado curas e outros fenômenos protagonizados por Jesus.

Todavia, o clímax da cena deu-se mais adiante. A pesca alcançou êxito surpreendente. Ante tamanha surpresa, diz a autora que Simão, olhos úmidos, fitou Jesus. É um momento psicológico de muito significado, pois que, ao agir pela intuição, seguindo a recomendação de novamente arremessar as redes, Pedro defronta-se com a realidade transcendental do Mestre, que, de fato, sabia que os peixes estavam lá. Portanto, era Alguém especial, em cuja presença o pescador não se achava digno de permanecer. Entretanto, o Nazareno diz para ele não temer, porque doravante seria *pescador de homens*. As demais testemunhas desse momento são igualmente *pescadores* da primeira hora: João, Tiago e André.

Este conto mais uma vez dá uma ordem racional e causal ao encontro de Pedro com Jesus, afastando qualquer possibilidade de um processo mágico de transformação. Pelos fatos apontados, reconstituídos cronologicamente, a partir de Amélia e de Lucas, a aproximação entre o Mestre e o seu colaborador dá-se num determinado intervalo de tempo, pontuado por alguns fatos, entre eles a atuação de Jesus nas circunvizinhanças de Cafarnaum, as notícias sobre feitos e ditos do Senhor apresentadas pelos habitantes da localidade, o encontro de Pedro com Jesus e o chamado posterior. Entre esses dois últimos fatos há ainda o episódio da cura da sogra, pois, de acordo com Lucas, este evento precede o da pesca acima reportada. Este conjunto de fatos dá coerência à ação de o pescador ter tudo deixado para seguir Jesus, inclusive a própria profissão, que passa a exercer sem regularidade.

Desse encontro, a situação da pesca é importante, pois se comporta como símbolo do trabalho que Pedro desenvolveria, porque seria pescador de almas. Assim, a frase de Jesus: "Lança as redes, não temas, de ora em diante serás pescador de almas" – revela o que aquele homem deveria fazer dali por diante sob a Sua instrução e não deveria temer. Posteriormente, toda a atuação comovente de Pedro, bem como a de outros sob a sua liderança e inspiração, é a concretização do simbolismo das redes, pois muitas foram (e ainda hoje o são) as almas resgatadas por ele, em face do seu vigoroso exemplo de transformação moral.

Este episódio revela dois aspectos da personalidade de Pedro. Inicialmente, o pescador deixava-se vencer pelas emoções. Naquele instante da pesca farta, de reconhecimento íntimo, embora ainda não plenamente consciente, inicia uma nova fase de sua existência, mais tarde questionada ao próprio Jesus: "E nós que tudo deixamos e te seguimos, que receberemos?" (Mt., 19:27). Conforme a sua personalidade, nesta fase, ele agia e só depois raciocinava sobre o fato. Ao deixar-se comover e arrastar-se pelo magnetismo de Jesus, Pedro estava usando a emoção, aprendendo com ela, deixando que seguisse o seu curso, sem detê-la; por fim, já sereno, refletia sobre o(s) fato(s), questionava-o(s) e inquiria ao próprio Jesus – afinal, para quem pensava de modo impulsivo, por Sua causa modificou-se, e, com isso, o que ganharia?

A dúvida de Pedro é perfeitamente humana, sobretudo na infância psicológica, quando agimos motivados pela recompensa e pela compensação do sacrifício. Nessa fase de sua vida, a doação ainda não é plena nem consciente; é emocional, é sazonal, pois, ao mesmo tempo que

Humano, Demasiado Humano: a transformação moral de Pedro

segue o Mestre, questiona-O sobre a gratificação deste ato. Este momento psicológico de Pedro é ainda hoje vivido por muitas criaturas que seguem Jesus no calor da emoção, e depois, plenamente saciadas ou incomodadas pela radical transformação e/ou aprendizado a ser feito(a), perguntam pelas recompensas... e, ante a resposta, tomam decisões diversas.

Duas das frases de Amélia definem algumas das características de Pedro e de seus companheiros nesse primeiro momento da convivência com Jesus:

> "[...] Homens algo confusos, arrancados das pequenezas materiais para as excelsitudes do espírito" (*Quando voltar a primavera*, p. 74).
> "Homens rudes e simples, não eram, todavia, Espíritos ignorantes" (*Há flores no caminho*, p. 110).

Isto posto, cabe destacar que aquele pescador atendeu ao chamado; muitos outros foram convidados, mas declinaram a dádiva, como exemplifica o caso do jovem rico (Mt., 19:16-26). Pedro aceita o convite e entrega-se à convivência como demonstrado a seguir.

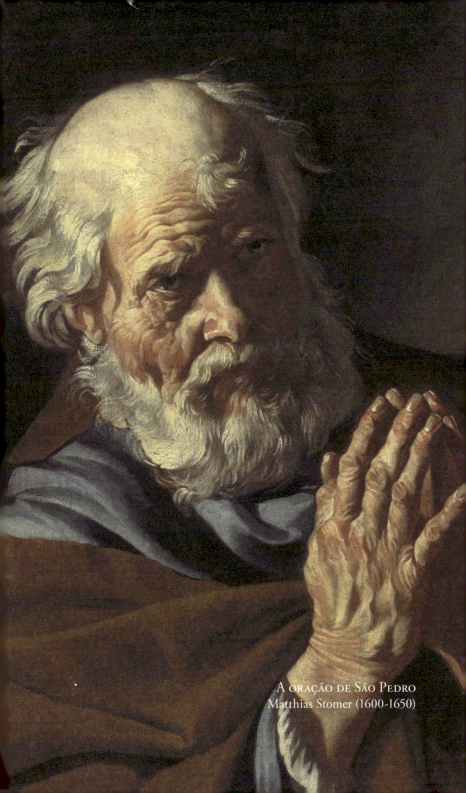

A oração de São Pedro
Matthias Stomer (1600-1650)

A CONVIVÊNCIA

A convivência de Pedro com Jesus é rica em fatos, entre os quais há os que o discípulo protagoniza e aqueles dos quais é testemunha insofismável. Destacam-se sobretudo aqueles em que a Sua cooperação direta desponta. Nesse grupo, podemos identificar as situações de cura e as de oração em que o Mestre afastava-se da multidão, sendo acompanhado pelos três cooperadores mais próximos: Pedro, Tiago e João.

Lucas narra que, no caso da cura da filha de Jairo, já tida como morta, Jesus, "[...] entrando na casa, a ninguém deixou entrar, senão a Pedro, e a Tiago, e a João, e ao Pai e a mãe da menina" (Lc., 8:51-56). Os evangelistas, exceto João, narram o evento da transfiguração no Tabor, que foi testemunhado por esses mesmos discípulos. Da mesma forma, o convívio fraterno no jantar de despedida foi separado do instante da prisão por um intervalo de oração no Getsêmani, também compartilhado por esses mesmos protagonistas (Mt., 26:37-41; Mc., 14:32-36; Lc., 22:39).

Divaldo Franco/Denise Lino de Araújo

Pedro privava da plena confiança de Jesus, a ponto de o Mestre deixar sob os seus cuidados e os de João a preparação do jantar da páscoa (Mt., 26:17-30; Mc., 14:12-16; Lc., 22:8). Esse fato demonstra a afinidade entre eles, particularmente entre os dois discípulos. Estão juntos em todas essas ocasiões especiais e mais tarde, depois da crucificação, estarão igualmente unidos pelos mesmos laços de afinidade, dando continuidade ao programa de renovação dos corações. Não obstante a confiança e o afeto de Jesus, tanto Pedro como os demais cooperadores foram advertidos várias vezes que deveriam ficar vigilantes: "Orai, para que não entreis em tentação. Levantai-vos e orai, para que não entreis em tentação" (Lc., 22:40-46).

Essa é a fase do aprendizado intenso, na qual Amélia caracteriza o pescador como:

- Trabalhador devotado (*Quando voltar a primavera*, p. 35).
- Sentia-se enérgico e terno (*Primícias do Reino*, p. 189).
- Discípulo sincero (*Pelos caminhos de Jesus*, p. 170).
- Dedicado e frágil servidor (*Há flores no caminho*, p. 150).
- Testemunha insofismável do Tabor (*Primícias do Reino*, p. 120).
- Devotado colaborador (*Quando voltar a primavera*, p. 75).
- Alma simples e generosa (*Pelos caminhos de Jesus*, p. 61).
- Apóstolo afeiçoado (*Quando voltar a primavera*, p. 35).

Ao lado da cooperação direta, vários são os exemplos da fidelidade de Pedro a Jesus. Em Marcos (29:31), pode-se ler textualmente: "Ainda que todos se escandalizem, nunca, eu, porém". Em Mateus (26:33): "[...] é mister morrer contigo, não te negarei." Em Lucas (22:33): "Senhor, estou pronto para ir contigo até a morte". Em João (13:9): "Por que não posso seguir-te agora? Por ti darei a minha vida".

Essa fidelidade protestada com as palavras manifesta-se também nas ações. De todas elas, a mais veemente, descrita em detalhes por João, foi o enfrentamento com o servo do sumo sacerdote no momento da prisão no Getsemâni (cf. 18:10-11). Dada a ordem de prisão, os três companheiros despertam assustados com os gritos, e Pedro, armado com uma espada, fere Malco, decepando-lhe a orelha direita, conforme indicação de Lucas (22:50-51). Esta foi uma tentativa de defender o Mestre do perigo iminente.

Ao lado da fidelidade, Pedro também demonstra zelo por Jesus. Isto é explicitamente indicado na passagem em que o Mestre adverte que deveria ir a Jerusalém a fim de que se cumprissem as profecias sobre o Messias, e Pedro toma-o à parte, começa a repreendê-lo, demonstrando preocupação e compaixão antecipada (Mt., 16:22). Da mesma forma, na conversação que se deu no jantar de despedia ao retomar o tópico das profecias, afirmando que elas deveriam ser cumpridas, Jesus é alvo do zelo dos seus seguidores, entre eles Pedro, que Lhe apresenta duas espadas para a defesa. Uma delas deve ter ficado com o pescador, pois praticamente em seguida ele fere com uma arma desse tipo o servo do sumo sacerdote (Lc., 22:50-51).

Fidelidade, zelo e submissão ao Mestre misturam-se em várias atitudes. Podemos destacar a iniciativa do pescador em construir três cabanas, no evento mediúnico do Tabor, uma para o Mestre, outra para Moisés e a última para Elias (Mt., 17:1-13; Mc., 9:1-9; Lc., 9:28-37). Revela-se tanto o zelo pela acomodação do Mestre quanto o desejo de que ali não fosse importunado pelos problemas do povo, vivendo a

Divaldo Franco/Denise Lino de Araújo

sua transcendência em plenitude, mas, como ocorre na sequência, Jesus desce do monte e se envolve com os dramas pessoais dos que O aguardavam, curando o menino que se jogava no fogo e na água, e não fora curado pelos outros discípulos (cf. *Primícias do Reino*, p. 127-133).

A cena mais tocante é, em nossa opinião, a do lava-pés, quando Jesus dispõe-se a lavar os pés dos discípulos antes da ceia pascal (Jo., 13:6-9, e *Quando voltar a primavera*, p. 121-128). Os discípulos submetem-se humildemente, mas Pedro retruca, dizendo que o Mestre não faria isto por ele. Reconhecia que a ação de lavar os pés representava humildade e, sendo Jesus superior, não O deixaria fazer aquilo. Era como se soubesse que não seria digno ter o Mestre aos seus pés. Desejava o contrário... Mas Jesus surpreende-o, afirmando que, se não fizesse aquilo, Simão não teria parte com Ele. Pedro, então, afirma, peremptório, submisso e cheio de emoção, que o Mestre não lhe lavasse somente os pés, mas também as mãos e a cabeça.

Cenas como essas revelam a sintonia de Pedro com Jesus. Deseja para o Mestre o melhor, gostaria de poder poupá-lo dos aborrecimentos cotidianos, preservá-lo das exigências públicas, declinava sua fidelidade e reconhecia a superioridade do Messias. Tudo faria para estar com Ele sempre... Era, sem dúvida, o:

- Apóstolo afeiçoado (*Quando voltar a primavera*, p. 35).
- Maduro companheiro de Jesus (*Pelos caminhos de Jesus*, p. 161).

Todavia, o cotidiano não era apenas construído pelas situações de cura e de oração. Os problemas do dia a dia também integravam a árida realidade de Pedro. Certa vez, ele estava às voltas com a cobrança de impostos, e, ao encontrar-se com Jesus, este se antecipa e diz-lhe para lançar as redes ao mar e tirar do primeiro peixe que pescasse a moeda que estaria em sua boca e com ela pagar o imposto cobrado[11] (Mt., 17:25). A fome era outro problema que surgia nas longas caminhadas de Jesus e de seus companheiros, e Pedro certamente vivenciou essas situações. Duas delas são explícitas: a que relata a colheita de milho pelos discípulos num sábado e a da figueira procurada por Jesus (Mt., 12:1-4; Mc., 11:11-23).

Nesse contexto, as atitudes de Pedro e as qualidades que o distinguiam entre os demais companheiros levam Amélia a apresentá-lo como:

- Trabalhador devotado (*Quando voltar a primavera*, p. 35).
- Sentia-se enérgico e terno (*Primícias do Reino*, p. 189).
- Discípulo sincero (*Pelos caminhos de Jesus*, p. 170).
- Dedicado e frágil servidor (*Há flores no caminho*, p. 150).
- Testemunha insofismável do Tabor (*Primícias do Reino*, p. 120).
- Devotado colaborador (*Quando voltar a primavera*, p. 75).
- Alma simples e generosa (*Pelos caminhos de Jesus*, p. 61).
- Apóstolo afeiçoado (*Quando voltar a primavera*, p. 35).

Entre os eventos que compõem o cotidiano, a interlocução de Pedro com Jesus merece um destaque à parte, vejamos no próximo capítulo.

---

11. Quanto a esse episódio, a tradução de *O Novo Testamento* da CNBB elucida que a moeda era suficiente para pagar duas vezes o imposto, consoante a instrução de Jesus de que o imposto deveria ser pago por Ele e pelo pescador.

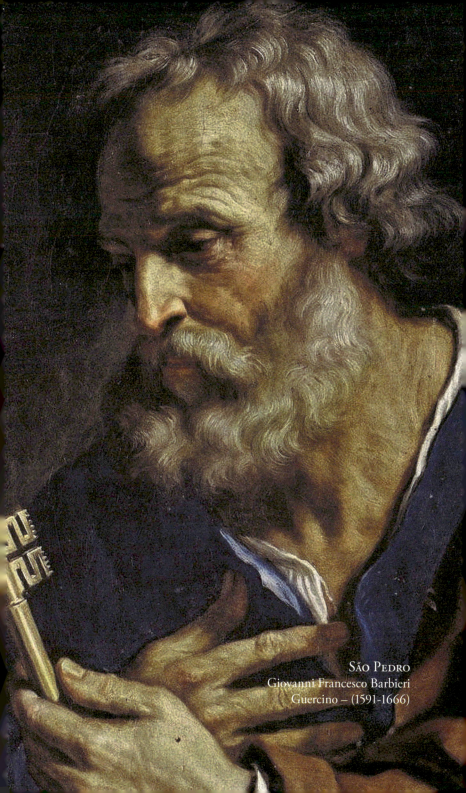

São Pedro
Giovanni Francesco Barbieri
Guercino – (1591-1666)

A INTERLOCUÇÃO

A interlocução é parte do processo de convivência. E no caso em pauta revela interessantes aspectos da personalidade do pescador, pois, de acordo com os relatos de ONT, Pedro acompanhou Jesus durante todo o seu trabalho público. O Evangelho de João leva-nos a entender que já em Seu primeiro milagre[12] – a transformação da água em vinho –, na festa de Caná (2:1-11), Pedro estava presente. O que importa, todavia, é que, além de colaborador direto, Pedro foi provavelmente o interlocutor mais recorrente de Jesus. Vamos surpreendê-lo em diversas ocasiões questionando, solicitando explicações, indicando eventos a fim de que Jesus os comente. Quanto a isto, o que menos importa é a ordem cronológica. As situações se sucedem em avanços e recuos, ora demonstrando maior compreensão, ora incompreensão de atos e palavras.

A escolha das perguntas de Pedro apresentadas a Jesus faz supor uma criatura de limitadas possibilidades intelectuais e que, num primeiro momento, parece não

---

12. Entendemos milagre neste livro conforme a definição Kardequiana apresentada em *A Gênese*.

compreender a extensão do trabalho do Mestre. Isto se verifica nos episódios apresentados em seguida.

- O perdão[13] (Mt., 18: 21-22): "Então Pedro, aproximando-se dele, disse: Senhor, até quantas vezes pecará meu irmão contra mim e eu lhe perdoarei? Até sete? Jesus lhe disse: Não te digo que até sete; mas, até setenta vezes sete".
- Variação sobre o mesmo tema (*Quando voltar a primavera*, p. 36): "É verdade que devemos perdoar todas as ofensas, no entanto, como suportar a agressividade que nos fere, quando pretende admoestar e humilhar, quando se promete ajudar?".

A recompensa (Mt., 19: 27-29; Mc., 10: 28-30):

> Então Pedro, tomando a palavra, disse-lhe: Eis que nós deixamos tudo, e te seguimos; que receberemos? E Jesus disse-lhes: Em verdade vos digo que vós, que me seguistes, quando, na regeneração, o Filho do homem se assentar no trono da sua glória, também vos assentareis sobre doze tronos, para julgar as doze tribos de Israel.
>
> E todo aquele que tiver deixado casas, ou irmãos, ou irmãs, ou pai, ou mãe, ou mulher, ou filhos, ou terras, por amor de meu nome, receberá cem vezes tanto, e herdará a vida eterna.

---

13. Sobre este tema, ver o interessante conto "O poema do perdão" na obra *Pelos caminhos de Jesus.*

Humano, Demasiado Humano: a transformação moral de Pedro

Esses três pontos apresentam-nos um Pedro preocupado com questões existenciais, como o perdão, e com pragmáticas, as recompensas. Parece-nos que, ao apresentar a pergunta sobre o perdão, este ato não era de todo desconhecido do pescador, podemos até identificar uma disposição para realizá-lo, a dificuldade estava em saber "quantas vezes" fazer isto. Evidentemente a quantidade é mera simbologia. Porém, em um exercício de contextualização, acreditamos que dois condicionantes se revelam no número por ele estipulado. De um lado, as práticas judaicas, que à época eram em número de seiscentas a serem observadas, portanto, a questão segue essa direção e pode ser entendida como mais uma. Era como se o pescador entendesse Jesus como um rabino e Lhe perguntasse algo sobre a lei. Por outro lado, a compreensão do pescador de que era possível perdoar alguém, mas este poderia voltar a incomodar, a causar novo problema. Logo, a dificuldade estava em saber quantas vezes alguém seria digno de ser perdoado.

A paráfrase dessa mesma questão proposta por Amélia revela a nuance com que Pedro distinguia a ofensa da agressividade, sendo esta o foco do seu questionamento. Isso mostra a agressividade como a atitude concreta contra o indivíduo, ao mesmo tempo que a ofensa seria a imprecação verbal contra um sujeito e/ou suas crenças, em vista disso mais difícil de ser perdoada, visto que o revide não a anulava. A sutileza da paráfrase aponta para o comportamento intempestivo e para os critérios norteadores da moral do pescador.

Quanto à questão da recompensa, defrontamo-nos com um Pedro imediatista, movido pelo lado infantil da sua personalidade, que carecia de afagos, de reconhecimento.

Essa pergunta nos faz lembrar seu encontro com Jesus. Se O seguiu sem nenhuma convivência prévia, cobrava nesse momento o pagamento, a reparação. Se, por outro lado, seguiu o Mestre depois de meditar sobre alguns dos seus primeiros discursos, compreendia agora que Ele era o representante do Reino dos Céus e, como tal, algo de especial deveria estar reservado para aqueles que tudo deixaram e O seguiram. Em outras palavras, revelava a mentalidade dos favores que o pescador conhecia bem, tanto nas práticas de sua religião, que pregava as beatitudes para aqueles que cumprissem as obrigações para com o templo, como no cotidiano administrativo do governo romano.

As respostas de Jesus, porém, desvelam a Pedro dimensões que ele não conhecia. Primeiro, a de que o perdão é infinito, importa(va) perdoar, e não quantas vezes se fizesse isso. A expressão matemática de que se valeu o Instrutor Divino foi recurso retórico, talvez o único ao alcance do interlocutor para indicar a não quantificação desta ação, mas sim a sua natureza psicológica. Depois, as recompensas eram bem diferentes das que Pedro esperava. Cem vezes em vida, em pai, irmãos, filhos, campos e perseguições! Mas também a vida eterna, na qual necessariamente os primeiros não seriam os primeiros; nem os últimos, os últimos, frequentemente, pois, em se tratando desta outra vida, as posições se invertem (cf. Mc., 10:28-31).

Pedro era, assim, convocado a novas reflexões que podem ser expressas pelos exemplos a seguir.

• A explicação das parábolas (Mt., 15:14-17): "Deixai-os; são condutores cegos. Ora, se um cego guiar outro cego, ambos cairão na cova. E Pedro, tomando a palavra, disse-lhe: Explica-nos essa parábola".

- Para quem é a instrução (Lc., 12: 41-48): "E disse-lhe Pedro: Senhor, dizes essa parábola a nós ou também a todos? [...] E disse o Senhor: [...] E, a qualquer que muito for dado, muito se lhe pedirá, e ao que muito se lhe confiou, muito mais se lhe pedirá".

Entendimento dos princípios básicos (*Pelos caminhos de Jesus*, p. 63-64):

> Mandas amar o inimigo, ajudar o próximo, embora este pertença a outra regra. Não será perigoso sustentar o adversário, quando ele merece punição? [...] Revelas que somente os que porfiarem até o fim herdarão a terra, exaltando os pobres e oprimidos. Não será esta afirmação um risco?

Entendimento da mensagem (*Dias venturosos*, p. 28):

> Falas a respeito do Reino dos Céus, enriquecendo-nos a imaginação com símbolos incomuns para a nossa compreensão. Acreditamos nas Tuas palavras. No entanto, acostumados à pesca rude, aos trabalhos desgastantes, sem hábitos mentais diferentes, todos nos inquirimos onde fica e como é constituído.

Um dos bons motivos para ler Amélia Rodrigues está em apreender as paráfrases que ela faz das passagens da vida de Pedro, especialmente daquelas em que, privando de intimidade, podia o pescador apresentar as suas dúvidas sem esconder as suas dificuldades de compreensão. Isto lhe dá o estatuto do aprendiz em interlocução com o Mestre.

Divaldo Franco/Denise Lino de Araújo

Nas questões acima relacionadas – duas delas retiradas do cânone e duas paráfrases da autora aqui focalizada –, surpreendemos um Pedro movido por preocupações com o entendimento da mensagem do Enviado dos Céus. Ao pedir explicações de uma parábola, ao perguntar como é constituído e onde fica o Reino dos Céus, verificamos que o entendimento começa a se dilatar e, para isso, mais do que conhecer conceitos, era preciso entendê-los, buscar exemplos, mergulhar em explicações. Longe do temperamento impulsivo, vislumbramos aqui uma personalidade analítica, que busca razões e motivos, e, por isso mesmo, mais próxima de um Pedro que não se deixou de início arrebatar pelo chamamento, mas que precisava de evidências. A outra fonte de preocupações era focalizada nos destinatários dos ensinamentos. Ele chega a perguntar se aqueles ensinamentos estavam direcionados aos discípulos ou a todas as pessoas. Da mesma forma, pergunta se não era perigoso sustentar o adversário quando ele precisava de punição ou se não seria arriscado afirmar que herdariam a terra aqueles que permanecessem fiéis. Estas dúvidas revelam o entendimento que a propagação da mensagem de Jesus poderia provocar grande alteração no seio da sociedade. Estamos diante de eventos nos quais Pedro compreende serem de outra natureza os ensinos por ele testemunhados e não os compreendia plenamente. Parece que sua dúvida era saber se eram conhecimentos para serem mantidos em sigilo, como outros em relação aos quais recomendou Jesus que guardasse discrição, ou se era para serem disseminados com todo o povo, como ocorrera com os discursos públicos e aqueles marcados por assertivas do tipo: "Quem tem ouvidos para ouvir, ouça" (Mt., 13:9); ou: "Ouviste o que foi dito aos antigos. [...]

Humano, Demasiado Humano: a transformação moral de Pedro

Eu, porém, vos digo [...]" (cf. Mt., 5:17-37). A resposta a essa indagação íntima Pedro conhecerá após a crucificação.

Os colóquios alternavam ora questões de compreensão, ora proposições de fidelidade, ora asserções avaliativas. É o que ocorre na passagem destacada a seguir.

Prova da superioridade de Jesus (Mt., 14:26-31):

> Quando os discípulos o viram andando sobre o mar, ficaram apavorados e disseram: "É um fantasma". E gritaram de medo. Jesus, porém, logo lhes falou: "Coragem! Não tenhais medo!". Então, Pedro lhe disse: "Senhor, se és tu, manda-me ir ao teu encontro, caminhando sobre a água". Ele respondeu: "Vem!". Pedro desceu do barco e começou a andar sobre a água, em direção a Jesus. Percebendo o vento, porém, ficou com medo e, quando começou a afundar, gritou: "Senhor, salvai-me!". Jesus logo estendeu a mão, segurou-o e disse-lhe: "Homem fraco de fé, por que duvidaste?".

Acreditamos que o pescador não estava movido por um sentimento mesquinho de pôr Jesus à prova, mas sim o de eliminar a dúvida ante qualquer possível mistificação. A sentença leva-nos a entender que, para Pedro, apenas o Mestre poderia fazê-lo andar em segurança sobre as águas. A situação oferece o ensejo ao pescador e a seus companheiros de terem uma prova "física" da superioridade d'Aquele com quem conviviam. Ainda vacilante, Simão não sintoniza diretamente com a Fonte de Equilíbrio e começa a soçobrar, porque não se tratava apenas de um ato mecânico, mas sobretudo de uma identificação psíquica, a que denominamos fé.

Associando as questões apresentadas por Amélia àquelas que figuram em ONT, verificamos que o conjunto das perguntas propostas por Pedro ajudou-o a compreender a mensagem de Jesus; ao mesmo tempo, são questões atemporais, propostas por muitos que ainda hoje tentam compreender "os ditos do Senhor". Assim, não nos parecem questões que singularizam apenas a personagem aqui focalizada, mas apontam para um estágio de compreensão da mensagem do Cristo.

Não ficam aqui enunciadas todas as circunstâncias de interlocução entre Pedro e Jesus, muitas delas talvez nunca conheceremos, mas essas nos dão a dimensão da sua dificuldade inicial. Amélia o caracteriza como "[...] representante natural das inquietações gerais" (*Há flores no caminho*, p. 128), em face das "[...] interrogações que lhe bailavam na mente simples" (*Quando voltar a primavera*, p. 82).

Entre as cenas de interlocução, algumas põem à mostra uma certa dimensão hilariante das observações do discípulo. Podemos destacar a cura da mulher hemorroíssa, narrada por Mateus (9:20-22) e por Lucas (8:45), mas somente neste último encontramos a participação de Pedro e a sua inusitada afirmação: "Mestre, como saber quem te tocou se uma multidão te cerca e te comprime!", ante a pergunta de Jesus para saber quem o tinha tocado. Destacamos também o episódio da figueira seca narrado por Marcos (11:21), no qual o discípulo aponta: "Rabi, olha, a figueira que amaldiçoaste secou!". Como diz Amélia, Pedro "não possuía as sutilezas para as questões do espírito" (*Primícias do Reino*, p. 192), mais que isto, Pedro gozava de plena intimidade com Jesus a ponto de a Ele apresentar-se como era, sem rebuços.

Ao lado dessas cenas, figuram outras que indicam não ser Pedro apenas o homem com dificuldades para compreender a mensagem da Boa-nova. Alguns dos diálogos demonstram a maturidade do pescador. O mais célebre é, sem dúvida, aquele em que reconhece Jesus como o "Cristo, o Filho de Deus vivo" (Mt., 16:13-20; Mc., 8:29; Lc., 9:20). Esse momento tem especial importância porque se dá no meio de uma conversa reservada do Mestre com os discípulos, numa das suas passagens por Cesareia de Felipe. Eles deram respostas desencontradas à pergunta do Jesus: "Quem dizem os homens ser o Filho do homem?" (Mt., 16:13-20), com uma certa lógica dentro de uma ótica reencarnacionista, dado que O apontaram como Elias, João Batista ou algum dos profetas. Mas, Pedro, malgrado os avanços e recuos da sua compreensão, responde peremptório à segunda questão: "[...] E vós, quem dizeis que eu sou?". "[...] Tu és o Cristo, o Filho de Deus vivo" (Mt., 16:15-16). Ora, como soubera isto? Poderia tê-lo concluído a partir das suas próprias experiências ao lado de Jesus, mas o Mestre adverte-o de que não fora ele quem revelara tal fato, "mas meu Pai que, está nos céus". Em outras palavras, o enunciado não resultara de uma conclusão de Pedro, fora ele instrumento de revelação mediúnica. E acreditamos foi este instrumento, porque era muito próximo de Jesus, aquele que talvez fez mais esforços para entendê-lo, consoante demonstram as numerosas situações de interlocução e de transformação moral que protagoniza.

Advertidos de que deveriam guardar silêncio a respeito daquela revelação, os discípulos ouviram também Jesus informar que convinha ir a Jerusalém e padecer pelas decisões dos sacerdotes. Pedro, então, chamou-o num canto e repreendeu-o, dizendo que o Mestre tivesse compaixão de Si mesmo (cf Mt., 16:28). Jesus admoestou-o severamente, dizendo que dele se afastasse aquele Espírito imundo que não entendia as coisas da terra, tampouco as do Céu. Porém, não obstante essa revelação de peso, ato contínuo, Pedro é vítima de seus próprios sentimentos e quiçá de Espíritos inferiores que tentavam minar as decisões do Mestre.

Em outra ocasião, desta vez na conversa íntima que se seguiu ao jantar de despedida, na qual Jesus apresentou importantes orientações para os que ali estavam, a certa altura, referindo-se especialmente a Pedro, disse-lhe: "Simão, Simão, eis que Satanás vos pediu para vos cirandar como trigo; mas eu roguei por ti, para que a tua fé não desfaleça; e tu, quando te converteres, confirma teus irmãos" (Lc., 22: 31-32). Ante essa advertência e ao mesmo tempo indicação de que seria um elo entre os discípulos, o pescador não perdeu a oportunidade de protestar à sua fidelidade a Jesus: "Senhor, eu estou pronto para ir contigo até a morte" (Lc., 22:33). Mesmo oscilante, o pescador recebia especial atenção do Mestre.

Este é um retrato de Pedro, e não o filme de sua vida inteira. Nele, é ainda o apóstolo vacilante, embora seja o instrumento de manifestação dos Espíritos superiores e, em seguida, é o médium invigilante que dá vazão à mistificação dos Espíritos infelizes. Os adjetivos usados por Amélia para defini-lo dão conta da ambivalência da sua personalidade e nos ajudam a entender como naturais ao gênero humano as suas ações. Ela o aponta como:

- Maduro companheiro de Jesus (*Pelos caminhos de Jesus*, p. 161).

Humano, Demasiado Humano: a transformação moral de Pedro

- Homem simples (*Dias venturosos*, p. 140).
- Homem de compleição moral severa (*Primícias do Reino*, p. 189).
- Não possuía as sutilezas para as questões do espírito (*Primícias do Reino*, p. 192).
- [pescador de] Temperamento intempestivo (...*Até o fim dos tempos*, p. 128).
- Desacostumado às tarefas de alto porte (*Trigo de Deus*, p. 133).
- Companheiro frágil (*Há flores no caminho*, p. 119).
- Amigo fraco e tímido (*Pelos caminhos de Jesus*, p. 182).
- Amigo inquieto (*Pelos caminhos de Jesus*, p. 164).
- Discípulo receoso (*Pelos caminhos de Jesus*, p. 62).

Podemos supor o dileto amigo de Jesus como um inconstante, quando idealizamos os seguidores do Mestre como criaturas circunspectas, decididas, integradas à mensagem e prontas aos maiores sacrifícios. Espíritos reencarnados, mas em processo de aprendizagem, de transformação. Parte dessa imagem deve-se à nossa mística de seguidores, ao nosso imaginário de que Jesus não se cercaria de pessoas simples, com conflitos de personalidade a serem superados. Muito da historiografia aponta os apóstolos como homens de irretocável personalidade porque estavam ao lado de Jesus, mas, devemos lembrar, eram Espíritos encarnados e com certas dificuldades, ainda que fossem os mais preparados para cooperar com o Mestre. É importante que assim tenha sido, pois qual teria sido a importância se Jesus tivesse se cercado de pessoas plenamente conscientes? Como Ele atingiria o poviléu sedento de esperança se os seus intermediários não fossem também pessoas simples,

Divaldo Franco/Denise Lino de Araújo

esforçando-se para se superarem? Nesse sentido, a mensagem de transformação se faz plena e exequível, e se torna um exemplo a ser seguido por todos nós. É conveniente observar que a história dos grandes seguidores os aponta como criaturas que superaram primeiro a si mesmas, para depois nos legarem a inolvidável mensagem de transformação. À guisa de exemplo, basta lembrar, além de Pedro, também de Paulo, Francisco de Assis e Santo Agostinho.

Amélia Rodrigues demonstra a profunda compreensão de Jesus para com Pedro e os demais colaboradores. Uma de suas frases revela isso muito bem: "[...] identificava-lhe(s) a fraqueza, mas não o(s) amava menos" (*Pelos caminhos de Jesus*, p. 183). Para Jesus, segundo a autora , aquele companheiro era:

- Amigo pescador (*Trigo de Deus*, p. 139).
- Discípulo querido (*Há flores no caminho*, p. 45).
- Apóstolo querido (*Há flores no caminho*, p. 94).
- Venerando amigo (*Quando voltar a primavera*, p. 75).

Esta deferência de Jesus para com Pedro não o impediu de negá-lO, como se verá a seguir.

O arrependimento de São Pedro
Guido Reni (1575-1642)

A NEGAÇÃO

Tomando por biógrafos de Pedro os quatro evangelistas, certificamo-nos de que entre eles não há dúvida quanto ao evento da negação de Jesus, que é narrado por todos. Juntamente com a crucificação, é um dos poucos eventos descritos na mesma sequência pelos quatro autores que elaboraram seus textos em momentos diferentes e a partir de fontes distintas, seja a vivência pessoal, como os casos de Mateus e o de João, seja a partir de testemunhas muito próximas, como é o caso de Marcos, que, admite-se, ouviu entre outros o próprio Pedro, e o caso de Lucas, que, além de Pedro, ouviu essa narrativa também de Maria. Há variantes quanto a detalhes do tipo: se o galo teria cantado uma, duas ou três vezes (cf. Mt., 26:24 – 3 vezes; Mc., 14:30 – 2 vezes; Lc., 22:34 – 3 vezes; Jo., 13:38 – 1 vez), se fora a mesma serva do sumo sacerdote que interrogou o pescador por três vezes (cf. Lc., 22:56), ou se também o fizeram outras pessoas (cf. Mt., 26:69-74; Lc., 22:58). Essas variantes em nada alteram a dramaticidade do evento e o profundo significado psicológico de que é portador.

A descrição do evento inicia-se ainda no jantar de despedidas com a predição da referida negação por parte de Jesus, prevendo inclusive o marco decisivo da negação, que seria o canto do galo. Na oportunidade, registram os quatro textos que Pedro teria protestado sobre tão triste episódio afirmando que: "Ainda que eu tenha que morrer contigo, não te negarei" (Mt., 26:25; Mc., 14:31; Lc., 22:34).

Sobre essa passagem específica na narrativa das predições de Jesus sobre sua morte, Joanna de Ângelis, pela psicografia de Divaldo Pereira Franco, no livro *Vida: desafios e soluções*, comenta:

> [...] Chama, porém, a atenção a própria experiência de Pedro, nos momentos que antecederam a traição do Amigo e a inolvidável tragédia do Calvário, sendo advertido carinhosamente: [...] Esta noite antes de o galo cantar, três vezes me negarás... [Mt., 26:34] prenunciando-lhe a defecção, por **estar adormecido** para a grandiosidade do comportamento junto ao Benfeitor, quando fosse convidado ao testemunho – que é sempre prova de maioridade psicológica e existencial. (FRANCO; ÂNGELIS, 1997, p. 105, grifos nossos).

Vejamos que a mentora destaca o sono moral e intelectual (op. cit., p. 106) em que se encontrava Pedro, a ponto de dar uma resposta automática: *"Não, Senhor, não te negarei"*. Porém, prossegue a autora: "Parecia impossível que se concretizasse esse prognóstico, no entanto, o mesmo sucedeu com riqueza de detalhes com que foi anunciado, chamando o inadvertido ao verdadeiro despertar, que o fez autodoar-se até o momento final" (grifos nossos).

De acordo com os apontamentos do Evangelho de João (18:15), dois discípulos acompanharam Jesus ainda nos primeiros momentos da prisão até o pátio da casa do sumo sacerdote. Um, que não é nomeado, mas do qual se diz apenas que era conhecido do sumo sacerdote e adentrou o ambiente onde o Mestre estava sendo interrogado, e o outro era Pedro, que ficou no pátio.

Esse é o palco da ação. O pescador e cooperador direto, que antes não conseguira ficar vigilante enquanto Jesus orava no Getsêmani e já houvera ferido o servo do sumo sacerdote, estava agora entre a soldadesca, aguardando o desenrolar dos fatos. Em resumo, o que se passa é que Pedro é reconhecido como um dos discípulos que ainda há pouco seguia o prisioneiro. Inquirido três vezes sobre a veracidade desse fato, três vezes o nega, mesmo assim, isto de nada vale, porque é reconhecido como galileu em duas versões, na de Marcos e na de Lucas. Na de Mateus (26:73), diz-se inclusive que o seu sotaque o denuncia, ou seja, ele não era mesmo de Jerusalém. De acordo com Lucas (22:61), o detalhe que dá mais dramaticidade ao fato é que nesse instante Jesus o fitou de longe.

Ante o clima geral de expectativa e em conflito íntimo, Pedro evadiu-se do local. O que se passou consigo não sabemos, talvez nunca venhamos saber, todavia os próprios evangelistas dão-nos a indicação. Os três primeiros biógrafos são unânimes em afirmar que, depois de o galo ter cantado e, portanto, o pescador ter reconhecido que a predição do Mestre se confirmara, ele chorou. Mateus (26:75) e Lucas (22:62) dizem mais, dizem que ele "chorou amargamente".

Diante desse evento, podemos perguntar: mas por que justamente Pedro, que tão intimamente convivia com

Jesus, foi aquele que O negou?! Joanna de Ângelis (2001), pela psicografia de Divaldo Franco, afirma que o companheiro fora acometido de uma loucura momentânea. Leloup (1998) argumenta, à luz da Psicologia, que Pedro é também um traidor como Judas, mas com outro caráter. De acordo com este autor, o que ocorreu com o apóstolo pode ocorrer com qualquer um de nós, porque o Eu pode negar o *Self.* Em outras palavras, a aparência da nossa personalidade pode prevalecer momentaneamente sobre a nossa essência, negando-a. Para o autor, pode-se negar o que se conheceu em profundidade, negar na sombra o que se conheceu na luz, negar as experiências transpessoais que um dia iluminaram a nossa existência de forma pouco consistente. E na fonte desta negação está o medo. Pedro teve medo de perder a sua vida e, numa atitude impulsiva, disse que não conhecia o Mestre e não estivera com Ele.

Emmanuel (2014), pela psicografia de Francisco Cândido Xavier, faz alguns comentários sobre essa passagem, dos quais destacamos dois que aqui transcrevemos em parte pela sensibilidade e ensinamento. Vejamos o primeiro:

O Fracasso de Pedro

"E Pedro o seguiu, de longe, até ao pátio do sumo sacerdote e, entrando, assentou-se entre os criados para ver o fim" – (Mateus, 26:58).

O fracasso, como qualquer êxito, tem suas causas positivas.

A negação de Pedro sempre constitui assunto de palpitante interesse nas comunidades do Cristianismo.

Enquadrar-se-ia a queda moral do generoso amigo do Mestre num plano de fatalidade? Por que se negaria Simão a cooperar com o Senhor em minutos tão difíceis?

Útil, nesse particular, é o exame de sua invigilância.

O fracasso do amoroso pescador reside aí dentro, na desatenção para com as advertências recebidas.

Grande número de discípulos modernos participam das mesmas negações, em razão de continuarem desatendendo.

Informa o Evangelho que, naquela hora de trabalhos supremos, Simão Pedro seguia o Mestre "de longe", ficou no "pátio do sumo sacerdote", e "assentou-se entre os criados" deste, para "ver o fim".

Leitura cuidadosa do texto esclarece-nos o entendimento e reconhecemos que, ainda hoje, muitos amigos do Evangelho prosseguem caindo em suas aspirações e esperanças, por acompanharem o Cristo a distância, receosos de perderem gratificações imediatistas; quando chamados a testemunho importante, demoram-se nas vizinhanças da arena de lutas redentoras, entre os servos das convenções utilitaristas, assestando binóculos de exame, a fim de observarem como será o fim dos serviços alheios.

Todos os aprendizes, nessas condições, naturalmente fracassarão e chorarão amargamente. (XAVIER; EMMANUEL, 2014, grifo nosso).

Desta belíssima mensagem de Emmanuel, destacamos o termo invigilância, que descortina uma análise muito condescendente do mentor de Francisco Cândido Xavier para com o discípulo de Jesus. Em vez da crítica, a compreensão da atitude como perfeitamente humana, já que nascida do descumprimento de uma das instruções de Jesus sobre o estar atento e em conexão com a Espiritualidade.[14] Por extensão, entendemos que esse distanciamento se revelou também no campo físico, como indicam os destaques do autor para o fato de que Pedro manteve-se "de longe", no "pátio do sumo sacerdote", "assentado entre os criados" para ver o "fim".

Nessa bela e profunda análise psicológica, Emmanuel lê a atitude de Pedro a partir dos indícios da sua posição física no teatro da crucificação. Essa análise pode ser tomada por nós como um critério de autoanálise, pois que por vezes o lugar em que nos situamos fala da sintonia em que nos colocamos, assim como a "boca fala do que o coração está cheio" (Mt., 12:34). A propósito disto, e em rápida digressão, nos lembremos de que na Parábola do Filho Pródigo (Lc., 15:10-32) o lugar físico fala sobre a sintonia dos personagens: o pai permanece na casa, que era o lugar de equilíbrio; o filho mais novo sai de casa e se desequilibra, ao voltar a casa é que se reequilibra, e o mais velho estava fora de casa quando o irmão volta, e aí permanece quando manda pedir prestação de contas ao pai.

Passemos, agora, ao segundo comentário de Emmanuel (2015), anunciado antes.

---

14. Mateus, 26:41 – "Vigiai e orai, para não cairdes em tentação. O espírito, com certeza, está preparado, mas a carne é fraca".

Conversão

"E tu, quando te converteres, confirma teus irmãos" – Jesus. (Lucas, 22:32).

Não é tão fácil a conversão do homem, quanto afirmam os portadores de convicções apressadas.

Muitos dizem "eu creio", mas poucos podem declarar "estou transformado".

As palavras do Mestre a Simão Pedro são muito **simbólicas**. Jesus proferiu-as, na véspera do Calvário, na hora grave da última reunião com os discípulos.

Recomendava ao pescador de Cafarnaum confirmasse os irmãos na fé, quando se convertesse.

Acresce notar que Pedro sempre foi o seu mais ativo companheiro de apostolado. O Mestre preferia sempre a sua casa singela para exercer o divino ministério do amor. Durante três anos sucessivos, Simão presenciou acontecimentos assombrosos. Viu leprosos limpos, cegos que voltavam a ver, loucos que recuperavam a razão; deslumbrara-se com a visão do Messias transfigurado no Tabor, assistira à saída de Lázaro da escuridão do sepulcro, e, no entanto, ainda não estava convertido.

Seriam necessários os trabalhos imensos de Jerusalém, os sacrifícios pessoais, as lutas enormes consigo mesmo, para que pudesse converter-se ao Evangelho e dar testemunho do Cristo aos seus irmãos.

Divaldo Franco/Denise Lino de Araújo

> **Não será por se maravilhar tua alma, ante as revelações espirituais, que estarás convertido e transformado para Jesus.** Simão Pedro presenciou essas revelações com o próprio Messias e custou muito a obter esses títulos.
>
> Trabalhemos, portanto, por nos convertermos. Somente nessas condições estaremos habilitados para o testemunho. (XAVIER; EMMANUEL, 2014, grifos nossos).

Desta outra mensagem do grande evangelizador do Brasil, destacamos o termo simbólico por indicar a visão em profundidade de Jesus, capaz de ver presente, passado e futuro juntos, e de no-lo revelar um discurso muito além do sentido referencial. Além disso, chama-nos a atenção o fato de Emmanuel indicar a conversão como processual e fruto de ações, e não de testemunhos oculares. Em outra pequena digressão, cabe lembrar que *conversão* é transformação moral, tal como preconizado por Allan Kardec para todos nós, espíritas, no OLE, na questão 919a e seguintes, e no OESE, capítulo XVII, item 4.

Desse evento da negação não podemos excluir a culpa que acometeu Pedro. Joanna de Ângelis, através de psicografia de Divaldo Pereira Franco, no capítulo "Consciência e Culpa", do livro *Sendas luminosas*, afirma:

> Pedro convivia com Jesus e O amava. Receoso, no entanto, e frágil ante os desafios, negou o seu Benfeitor e escapou à sanha dos inimigos d'Ele.
>
> Açodado pela consciência de culpa, deu-se conta do erro inominável e entregou o restante da

existência a Seu serviço em forma de reparação do terrível engano, demonstrando quanto é débil o sentimento de fidelidade do ser humano. (FRANCO; ÂNGELIS, 1998, p. 73).

E para explicar o processo de libertação desse sentimento, a mentora, na mesma mensagem, afirma: "Somente um meio existe para alguém liberar-se da **consciência de culpa**, que é o trabalho de dedicação ao dever, de reconstrução interior mediante o auxílio a si mesmo e à sociedade, na qual se encontra" (grifos do original). Sabemos que, na sequência, foi isso o que Pedro fez.

Comentando essa passagem, através da psicografia de Francisco Cândido Xavier, em *Pão nosso*, Emmanuel (2007, p. 340) afirma compreensivo: "Simão Pedro, cujo espírito se sentia tão bem com o Mestre glorioso no Tabor, não suportou as angústias do Amigo flagelado no Calvário".

Dos trinta contos de Amélia focalizados neste trabalho, apenas três são dedicados a essa hora grave da vida do dileto amigo de Jesus, provavelmente porque não há fatos a acrescentar a essa ocorrência. Nesses contos, a autora espiritual detém-se na apresentação do estado emocional de Pedro (cf. *Primícias do Reino*, p. 185-193) e na indicação de que muitos são os cristãos modernos que continuam negando Jesus, contudo, sem se recuperarem como fez o pescador (cf. *Pelos caminhos de Jesus*, p. 181-185 e *Trigo de Deus*, p. 133-136).

Em *Simão Pedro: pedra e pastor* (*Primícias do Reino*, p. 185 e ss), a autora lega-nos um texto de rara beleza no qual o pescador empreende um monólogo de autoavaliação em que repassa os lances mais importantes da sua vida ao lado do Libertador das Consciências e, ao se deter nesse evento culminante, define: "Sabia-se fraco, nunca, porém, se supunha fraco a tal ponto: trair, fugir, negar!" (*Primícias do Reino*, p. 188).

Diz a autora que Pedro estivera momentaneamente obsidiado, não obstante conhecesse a interferência das "forças do mal" às quais diversas vezes referira-se o Mestre. Diz também em *Trigo de Deus* (p. 133) que Simão, assim como os demais, estava "[...] desacostumado às tarefas de alto porte, vivia da rotina do trabalho, sem descortino intelectual para os voos gigantescos". Acrescenta ainda que Jesus fitou Pedro, na hora máxima, "sem censura, sem mágoa..." (*Pelos caminhos de Jesus*, p. 184). Em *Há flores no caminho* (p. 95), elucida:

> Simão protestou fidelidade ao Senhor.
>
> Apesar disso, titubeou e caiu, não uma vez, mas três vezes...
>
> Todavia, teve a coragem de levantar-se sob os açoites vigorosos do arrependimento, diariamente trucidado pela lembrança amarga da ingratidão para com o Amigo.
>
> Sem as suas doações plenas o futuro teria olvidado o holocausto do Justo.

Essas doações serão focalizadas no próximo capítulo.

La consegna delle chiavi
Guido Reni (1575-1642)

O SOERGUIMENTO

A vida de Pedro pode ser dividida em duas etapas. A primeira vai do seu encontro com Jesus até o evento da negação, após o qual tem início a segunda etapa, que se estende até a sua desencarnação. Se na primeira identificamos um Pedro por vezes vacilante, na segunda verificamos que a coerência das suas ações demonstra a conquista de maturidade. Talvez seja por causa disso que Amélia reporta-se tão pouco ao evento das negações, focalizando preferencialmente nas diversas situações que se deram antes e após esse infausto acontecimento. Ademais, ter como foco a negação é deixar de ver o que se passou depois.

De acordo com a autora que estudamos, o "[...] arrependido das negações ergue-se para demonstrar que o amor é a terapia por excelência e a misericórdia é a companheira que balsamiza todas as chagas da vida e do coração" (cf. *Dias venturosos*, p. 135). Acreditamos que o seu processo de autoconhecimento alcançou o clímax nos momentos que se seguiram ao "canto do galo"; conforme já mencionamos, dois evangelistas dizem que ele chorou amargamente. Esse é mais um capítulo que não sabemos exatamente como se passou, todavia a força dramática da ação leva-nos a imaginar a luta que o pescador travou consigo mesmo, atormentado pela própria ação. As lembranças da convivência íntima com Jesus, os Seus ditos e feitos, que não foram ratificados pela sua negação na casa do sumo sacerdote.

À observação de Leloup (1998) de que Pedro é um traidor como Judas, acrescentamos que há diferenças marcantes entre eles, que levam à discussão deste epíteto. O pescador tentou defender Jesus, seguiu-O e só depois O negou. Não há registros de que tenha intentado nada contra o Mestre antes; ao contrário, em diversas ocasiões declarou sua fidelidade. Se Judas não teve coragem de enfrentar os demais, esquivando-se através da solução insolúvel, Pedro enfrentou a si mesmo e aos outros, voltando para junto do grupo do qual ele nunca houvera se separado, pois nas fontes canônicas informa-se que ele chorou, mas não há indicações de que ele tenha se evadido. Quiçá tenha retornado para o mesmo salão onde horas antes estava reunido com os outros discípulos na "[...] ceia pascal que iniciou a Era da Saudade, encerrando os dias da preparação" (cf. *Pelos caminhos de Jesus*, p. 161).

O soerguimento de Pedro tem um fato demarcatório apresentado na narrativa de João (capítulo 21). De acordo com esse autor e duas paráfrases apresentadas por Amélia em *Primícias do Reino* (p. 185-193) e *Trigo de Deus* (p. 137-140), nos primeiros 40 dias após a crucificação, Jesus apareceu reiteradas vezes aos discípulos, a derradeira delas deu-se quando os que eram pescadores, seguidos por Tomé e Natanael, estavam no mar e, conforme sucedera anteriormente, eles lançaram as redes durante toda a noite, mas nada conseguiram. Ao fim da jornada, sem que tivessem obtido sucesso, ouviram quando um homem, que não identificaram imediatamente quem era, disse-lhes para lançarem as redes para o lado direito do barco, cujo resultado foi uma pesca de 153 "grandes peixes" (Jo., 21: 11). Dizem estes textos que só então reconheceram Jesus, e Pedro, para adiantar-se aos demais, foi a nado até a praia. Com Ele jantaram e conversaram.

Durante a conversa, o Mestre, agora materializado entre eles, dirigiu-se diretamente a Pedro, como fizera tantas vezes antes. Por três vezes perguntou se o pescador O amava, recebendo três respostas afirmativas perpassadas de emoção. Ao final de cada uma delas, dizem esses textos, o Redivivo pontificava que o interlocutor "apascentasse as suas ovelhas".

Ao lado dos instantes particulares em que reviu as próprias ações, depois da negação, acreditamos que este deve ter sido um dos mais emocionantes momentos da vida de Pedro, pois o próprio Mestre voltara e, dirigindo-lhe a palavra, fizera um pedido. A simbologia da pergunta três vezes repetida aponta na direção da recuperação do triplo ato de negação. Diz Amélia, na obra *Primícias do Reino*:

> [...] como lhe fora difícil, antes daquela hora, compreender as sutilezas da Sua passagem. Era, de fato, *Cephas, Petra,* calhau ou pedra, *cabeça dura*. Não possuía sutileza para as questões do espírito. Rocha ou pedra, apelido que o Mestre lhe dera, significaria que seria tão firme a sua fé e abnegação, que se compararia à força e a rigidez de pedra? Não poderia afirmá-lo. Desde a

> Ressurreição, todavia, se aclaravam os painéis e as recordações ofereciam-lhe soberana lucidez. (FRANCO; RODRIGUES, 1975, p. 192, grifos da autora).

A partir desse evento, estamos convencidos de que o soerguimento de Pedro dá-se em duas frentes que não devem ser vistas isoladamente. As atitudes, ou atos, bem como as suas palavras, ou discursos, são complementares e indissociados, sem que haja incoerência entre ambos. Sustentam-se mutuamente e são provas de que uma profunda mudança psicológica havia sido operada.

Um primeiro aspecto a ser destacado no soerguimento de Pedro está relacionado à sua liderança sobre o grupo de discípulos. *Atos dos Apóstolos* tem os seus primeiros capítulos dedicados à narração das atitudes desse pescador incomum e já no capítulo 1:15-26 há referência à exortação de ânimo que faz aos demais que estavam reunidos em Jerusalém sobre o reconhecimento de Jesus como o Messias esperado e a necessidade de que escolhessem entre os companheiros mais dedicados um que substituísse Judas. Em continuidade, dá-se o evento de Pentecostes, as primeiras falas públicas no templo e as prisões (cf. Atos, capítulos 2 a 6). Nesse texto, são relatadas três prisões de Pedro, das quais foi libertado porque não havia motivo para incriminá-lo e os sacerdotes temiam a revolta do povo ou, quando assim insistiam os chefes da sinagoga, foi libertado pela interferência direta dos Espíritos, consoante as provas abundantes nessa parte de *O Novo Testamento*.

Sensibiliza-nos a forma destemida como Pedro passou a atuar no templo, falando à multidão, repetindo reiteradas vezes que Jesus era o Cristo. A sua antiga dúvida sobre se os ensinamentos eram para os seguidores ou para todo o povo parece ter sido dissipada. Lucas, em Atos, 2: 38-41, afirma que "[...] com muitas palavras Pedro lhes dava [às pessoas que o ouviam] testemunho e os exortava dizendo: '[...] Salvai-vos dessa geração que renegou o Messias'. [...] Naquele dia, foram acrescentadas mais ou menos três mil pessoas". Amélia afirma em *Luz do mundo* (1981, p. 203) que "a palavra emocionada e musical penetrava as almas em expectação e ele se agigantava na multidão, nimbado de desconhecida luz". São esses os primeiros indícios de um pescador que deixara de ser um questionador contumaz para ser o orador eloquente. Vale salientar, como diz Amélia e os biógrafos neotestamentários do pescador, que aquele era um homem de limitadas possibilidades intelectuais, no entanto, isto nunca o intimidou diante dos maiores do Sinédrio.

As peças retóricas compostas por Pedro possuem três características marcantes e simultaneamente presentes em quase todas elas. A primeira, o fundamento de que Jesus era de fato o Messias, conforme preconizavam as tradições mais antigas de seu povo, é isto que se pode ler em Atos (2:29-32):

> Irmãos, seja-me permitido dizer-vos, com franqueza, que o patriarca Davi [...] era profeta e sabia que Deus lhe havia jurado solenemente que um de seus descendentes se sentaria no seu trono. Assim, ele previu a ressurreição do Cristo e é dela que disse: não foi abandonado ao reino da morte, e sua carne não conheceu a decomposição. De fato, Deus ressuscitou este mesmo Jesus, e disto todos nós somos testemunhas.

Divaldo Franco/Denise Lino de Araújo

A outra característica é ser Jesus a referência para a ação. A evidência mais eloquente dessa visão está, em nossa opinião, quando juntamente com João foi interrogado no Sinédrio por ter curado um homem coxo. Ao lhe ser dado o direito de resposta, entre outras coisas, afirma:

> Ficai, pois, sabendo todos vós e todo o povo de Israel: se este homem está curado diante de vós, é por meio do nome de Jesus Cristo, o Nazareno, que vós crucificastes e que Deus ressuscitou dos mortos. Este é a pedra que vós, os construtores, desprezastes e que se tornou a pedra angular. Em nenhum outro há salvação, pois não existe sob o céu outro nome dado aos homens que sirva para a nossa salvação. (Atos, 3:12-20).

A terceira e última característica é a de referir-se aos seus interlocutores como irmãos e exortar-lhes a mudança de atitude. Isto é o que se pode ver em: "Ora, meus irmãos, eu sei que agistes por ignorância, assim como os vossos chefes. Arrependei-vos, portanto, e convertei-vos, para que vossos pecados sejam apagados" (cf. Atos 3:17-20).

Confrontando-se esses trechos com as questões que propôs a Jesus, somos levados a concluir que estamos diante de um Pedro "inspirado e audaz" (cf. *Dias venturosos*, p. 143). Se a pergunta é se ele aprendeu, no convívio com o Mestre, inclusive a discursar, a resposta é que isto é teoricamente possível, mas na obra de Amélia encontramos a indicação que era o pescador um hábil instrumento mediúnico. A respeito dos seus discursos, diz a autora: "novamente mediunizado, Pedro enfrentou os algozes e não se deixou atemorizar ou confundir ante os hábeis sofistas enganadores

Humano, Demasiado Humano: a transformação moral de Pedro

do povo. O silêncio era-lhes [a ele e a João] impossível" (cf. *Dias venturosos*, p. 140).

Podemos depreender também que a atuação de Pedro foi nos primeiros tempos essencialmente uma ação entre os judeus, ou seja, compreendendo que Jesus era o Messias, discursou no templo na expectativa de que os seus conterrâneos compreendessem que não tinham dado ouvidos a Quem tanto esperavam, contudo era possível acercarem-se dos Seus ensinos. Posteriormente, vai compreender que essa interpretação precisa ser ampliada, pois se convence, a partir de evidências mediúnicas, de que os não judeus eram igualmente dignos daquela mensagem. Em Atos (10:34-35), podemos ler: "De fato, disse Pedro, estou compreendendo que Deus não faz discriminação entre as pessoas. Pelo contrário, ele aceita quem o teme e pratica a justiça, qualquer que seja a nação a que pertença".

Assim como tem a prudência de integrar os gentios nos trabalhos de disseminação da Boa-nova, tem também escrúpulos em aceitar as ofertas. Firmada a primeira comunidade cristã, cujo marco inicial foi a adesão de Barnabé com a doação de todos os seus bens para o uso comum, inaugurou-se a tradição de que os que se juntavam ao grupo, no limite de suas posses, doavam tudo para a comunidade. Entre as ofertas surge, posteriormente, a de um certo Ananias e sua esposa, Safira, que venderam uma propriedade, mas entre si combinaram doar apenas uma parte, reter a outra e informar que a venda se dera pelo valor que estavam doando. Pedro, através de suas possibilidades mediúnicas, tomou conhecimento da trama escusa que deitaria raízes no seio do movimento nascente sugerindo que a convivência com Espíritos pudesse ser negociada. Sem que ninguém o avisasse de tal procedimento, inquiriu o casal sobre o porquê de ambos terem se deixado levar por tão ardiloso expediente, prevendo o desencarne imediato de ambos. Esse é com certeza um Pedro bem diferente daquele que perguntara sobre as recompensas. Sabe agora que estas não são materiais. Da criança psicológica de outrora, estamos diante do tutor vigilante, atento às dificuldades dos seus orientandos.

A liderança e autoridade de Pedro vão se confirmar perante os grupos nascentes, não só o de Jerusalém, mas principalmente o de Antioquia, que reunia um grande número de não judeus. A questão que o revela um líder de forte ascendência moral está relacionada ao fato de os gentios admitidos na comunidade cristã estarem obrigados a obedecer às práticas judaicas, entre elas a da circuncisão. A polêmica tinha dois defensores de peso em cada um dos lados – Paulo defendendo a liberdade dos não judeus, e Tiago defendendo a estrita observância da lei – e coube a Pedro o voto de minerva na questão. Voto, aliás, que evitou o que poderia ter sido a primeira cisão entre os cristãos. Ponderado, falou aos amigos:

> Irmãos, bem sabeis que desde os primeiros dias, Deus me escolheu dentre vós, para que os pagãos ouvissem de minha boca a palavra da Boa-nova e acreditassem. Ora, Deus, que conhece os corações, lhes prestou uma comprovação, dando-lhes o Espírito Santo como o deu a nós. E não fez discriminação entre nós e eles, mas purificou o coração deles mediante a fé. Então, por que agora pondes a prova, querendo impor Deus à prova, querendo impor aos discípulos um jugo que nossos pais, nem nós mesmos tivemos força para suportar? Ao contrário, é pela

> graça do Senhor Jesus que acreditamos ser salvos exatamente como eles. (Atos, 15:6-11).

Manifestam-se neste caso a ponderação do discípulo renovado e a sua compreensão de que a mensagem do Mestre é universal. Nesse aspecto, a sua compreensão aproxima-se muito da de Paulo, qual seja a da conversão do maior número possível de fiéis. A beleza deste episódio está na autoiluminação de Pedro, assim como na sua compreensão da extensão do trabalho que se fazia em nome de Jesus já em muito modulado pelo amor. Ele agora se revela vigoroso, enérgico, capaz de interferir com autoridade numa crise de identidade do Movimento Cristão, sem dar-lhe as tintas do judaísmo ou do gentilismo. Entretanto, a autoridade do discípulo acentua-se e apresenta-se irretocável na descrição deste episódio narrado por Emmanuel, psicografia de Francisco Cândido Xavier, na obra *Paulo e Estêvão*, que, embora não integre as fontes principais deste trabalho, merece ser citado, pois revela a maturidade do velho pescador.

A narração do evento no romance inicia-se ainda na discussão em Antioquia, por ocasião da visita de Pedro, e, como se fosse natural que o assunto viesse à baila, dado que o preconceito contra os gentios crescia, ele tornou-se público na reunião para estudo dos *Ditos do Senhor*. Pedida a opinião de Pedro, eis que ele declara:

> Irmãos! [...] Muito tenho errado neste mundo. Não é segredo para ninguém que cheguei a negar o Mestre no instante mais doloroso do Evangelho. Tenho medido a misericórdia do Senhor pela profundidade do abismo das minhas fraquezas. Se errei entre os irmãos muito

> amados de Antioquia, peço perdão das minhas faltas. Submeto-me ao vosso julgamento e rogo a todos que se submetam ao julgamento do Altíssimo. [...] Reconhecida a extensão das minhas necessidades espirituais e recomendando-me às vossas preces, passemos, irmãos, aos comentários do Evangelho de hoje. (XAVIER, EMMANUEL, 1999, cap. V).

Essa versão revela o vigor da humildade de Pedro, ele se abstém de ser o juiz da questão e propõe que todos busquem a avaliação a partir dos critérios apresentados por Jesus. Ele passa a ser o sujeito que integra a própria sombra na luminosidade das suas ações, que são meta e parâmetro para os demais. Diz Emmanuel num comentário logo após essa narração que:

> A atitude ponderada de Simão Pedro salvara a Igreja nascente. Considerando os esforços de Paulo e de Tiago, no seu justo valor, evitara o escândalo e o tumulto no recinto do santuário. À custa da sua abnegação fraternal, o incidente passou quase inapercebido na história da cristandade primitiva, e nem mesmo a referência leve de Paulo na *Epístola aos Gálatas*, a despeito da forma rígida, expressional do tempo, pode dar ideia do perigo iminente de escândalo que pairou sobre a instituição cristã, naquele dia memorável. (XAVIER, EMMANUEL, 1999, cap. V).

A liderança do antigo pescador se demonstra também nas viagens que empreende aos grupos nascentes fora de Jerusalém. O trecho acima já deixa entrever que ele estava em

Antioquia, mas esteve também em Jope, em Lida, na Samaria, até que fosse a Roma, conforme atesta Amélia. Sobre a sua palavra inspirada, diz a autora:

> As memórias do **pescador de Cafarnaum** a respeito do Amigo sensibilizavam a todos onde ele expunha o pensamento e se fundamentava nos textos da Lei Antiga como nos Profetas de Israel... Enquanto falava sobre Jesus e Suas realizações, nublavam-se-lhe os olhos de saudade e de dor, pelo arrependimento que o vergastava com frequência. [...] Enquanto o rebanho, que se multiplicava, exigia a presença de Pedro e João em diferentes lugares, na Samaria, sustentando a fé dos neófitos, as curas se sucediam e os fenômenos psíquicos ocorriam a partir da *colocação das suas mãos* sobre a cabeça dos conversos... (FRANCO; RODRIGUES, 1998, p. 148-149, grifos da autora).

Todavia, é sem dúvida na concepção, estruturação e gestão da Casa do Caminho que Pedro se notabiliza. As versões de *Atos dos Apóstolos* que consultamos não se referem à edificação com este nome, mas sim com o de Igreja de Jerusalém ou Primeira Comunidade. Afirmam que viviam os discípulos e os que a eles se juntaram em comunhão fraterna, na fração do pão e das orações. A obra *Paulo e Estêvão* e os contos de Amélia falam-nos da Casa do Caminho como o primeiro modelo de instituição de assistência nos moldes cristãos. A descrição de Amélia para esse ambiente vale a pena ser levada em consideração, diz ela em *Dias venturosos*:

A igreja dos corações reunia-se todos os dias e todas as noites para comentar os feitos e as palavras do doce e enérgico Rabi, assim como para orar e para amar.

Os seus membros criaram a primeira comunidade fraternal da Humanidade, sob a inspiração do *Primeiro Mandamento*.

Os que possuíam algo, vendiam, oferecendo o valor aos Apóstolos do Mestre, para que fosse repartido entre todos os participantes da irmandade.

A pobreza dos bens materiais enriquecia-os com os tesouros da solidariedade e da legítima compreensão dos deveres, que os reuniam no serviço de iluminação de consciências, como de socorro moral e material à viuvez, à orfandade, às necessidades de toda ordem.

Repartia-se o pão entre todos igualitariamente e compartia-se a luz que jorrava do Alto em forma de inspiração e amor.

A presença psíquica do Mestre não permita que O sentissem ausente, o que os vitalizava sobremaneira.

Respirava-se o odor da pureza e da abnegação.

A ampla casa, no caminho entre Jerusalém e Jope, tornara-se o santuário que acolhia a dor e alcançava o indivíduo, crente ou não, mas que fosse necessitado, aos patamares mais nobres da evolução.

Pululavam enfermos de todo o matiz, desde os portadores das rosas arroxeadas da hanseníase aos dos cânceres externos em putrificação;

> os alienados mentais e obsidiados em patética alucinação; os mendigos e idosos sobrecarregados de abandono, fome e doenças; as crianças desamparadas e maltrapilhas, que a indiferença social expulsava da sua presença como se fossem moscas imundas; todos os tipos de párias, inclusive os ociosos exploradores, que se aproveitavam da caridade dos servidores de Jesus, para os exaurirem...
>
> A presença de Simão Pedro inspirava paz e confiança; a sua autoridade moral impunha respeito mesmo aos perturbadores ingratos, que afluíam em bandos perniciosos. (FRANCO; RODRIGUES, 1998, p. 147-148, grifos do original).

Em face desse quadro, estamos diante do laboratório em que os sentimentos do antigo pescador de Cafarnaum foram trabalhados no embate com diversas criaturas em diferentes estágios de compreensão da mensagem de Jesus. E sobre essa fase de sua vida, a obra de Amélia se faz particularmente importante por recontar passagens que não estão em Atos e que demonstram os encontros frequentes de Simão com o Mestre, a fim de confortá-lo e de estimulá-lo ao prosseguimento da tarefa.

Em *Pelos caminhos de Jesus*, narra a autora que, certa vez, após um desgastante diálogo com uma mulher que lhe exigia atenção diferenciada,

> [...] Simão contemplou os astros lucilando no Infinito e recordou-se dos encontros com o Mestre, no seu lar, próximo ao fogo, em Cafarnaum [...]. Nesse estado, [...] percebeu, além da

cortina de lágrimas, o vulto alvinitente do Mestre, sereno, como na ocasião em que caminhou sobre as ondas do mar na direção do barco...

Desejou explodir em júbilo, relatar a ocorrência, ouvi-lO, mas não teve tempo, porquanto o Amigo o confortou, de imediato, elucidando: – Simão, [...] o discípulo do meu Evangelho é um ponto vivo de referência onde se encontre, atraindo as atenções e sendo vítima das circunstâncias, em constante perigo, nunca, porém, em abandono, esquecido do meu amor.

[...] Permanece fiel e não desfaleças em ocasião alguma. (FRANCO; RODRIGUES, 1988, p. 95).

Em outra oportunidade, desgastado pelas incompreensões e exigências dos companheiros mais próximos, Simão estava desalentado e, retirando-se à noite, a sós, para orar, logrou conversar com Jesus e expôs-Lhe as dores que preenchiam o seu coração. Ouviu do Mestre a resposta que modificou a sua paisagem mental:

Os homens, à semelhança da argila sem forma ou pedra grosseira, aguardam que os cultores dos nobres ideais lhes plasmem beleza e forma, delicadeza e utilidade, vencendo as suas resistências a golpes de paciência, perseverança e fé, até que colimem os objetivos para os quais foram criados pelo Pai.

[...] Além disso, convém considerar que eles são hoje o que já foste ontem. O tempo e o amor divino cuidaram de ti, através de outros que te alcançaram, cabendo-te, agora, a tarefa de cuidar deles, a fim de que cheguem até onde te encontras... (FRANCO; RODRIGUES, 1992, p. 45).

Estamos diante de um Pedro muito humano, que sofre, mas, a despeito disso, tem ainda forças para atender o próximo, para amar, para interceder pelos gentios. Estamos diante de alguns dos eventos do soerguimento desse colaborador direto de Jesus que, numa fraqueza momentânea, d'Ele afastou-se. Todavia, movido pelo arrependimento sincero, volveu à carga para se reabilitar e para liderar, animar e estimular os companheiros. Liderança, aliás, que não encontra resistências ou questionamentos, o que nos leva a imaginar a sua autoridade moral, pois que, mesmo tendo sido o protagonista da negação, ergue-se depois como o exemplo.

Essa autoridade foi construída não só no período do soerguimento, mas desde antes, ao lado do Mestre, sendo o cooperador direto, acompanhando-O nas inúmeras viagens, padecendo o desconforto das longas caminhadas, a fome, as incompreensões e as tricas farisaicas. Se fora o companheiro fiel, fora igualmente a "testemunha insofismável" dos momentos luminosos, como a transfiguração no Tabor, as curas da filha de Jairo e do filho da viúva de Naim, bem como a do rapaz que, sob a ação de forças invisíveis, lançava-se ao mar e ao fogo. Diferentemente de Tiago, que havia presenciado esses mesmos fatos, não se apegou à estrita observância das leis judaicas, compreendeu que o Mestre era em muito superior a elas. E, diferentemente do jovem João, era o homem maduro, importava otimizar os anos que lhe restavam no serviço de implantação do Evangelho.

Movido por este propósito, permaneceu em Jerusalém na pregação da Boa-nova, na assistência aos doentes de todos os matizes, no fortalecimento da fé quando as perseguições se tornaram mais agudas e os primeiros mártires foram condenados sem julgamento, até que se tornou insegura a sua vida, bem como por causa dela e a de muitas outras pessoas aceitou o convite para ir a Roma, e lá viveu por alguns anos.

No cenário da grande cidade cosmopolita da época, permaneceu com os primeiros cristãos, enfrentando a dificuldade de propagar o que era proibido e, como aconteceu há muitos, foi também capturado, preso e crucificado. O detalhe é que pediu para ser crucificado de cabeça para baixo "por integral amor a Jesus" (cf. *Há flores no caminho*, p. 47).

Não fosse a sua vida após a crucificação de Jesus uma epopeia, o final já seria surpreendente não só pela forma como opta pela própria crucificação, mas porque um fato dá a esse evento uma grandeza extraordinária que com palavras dificilmente pode ser avaliado.

Conforme previra outrora Jesus: "[...] Quando mais eras moço, tu te cingias e andavas por onde querias. Quando fores velho, estenderás as tuas mãos e outro te cingirá e levará para onde não queres" (Jo., 21:18). Simão fora conduzido ao "matadouro por estranhas mãos. Isto, porém, não importava naquele momento" (cf. *Trigo de Deus*). Reconstruído e pacificado, entregou-se sem resistências e, consoante narra Amélia Rodrigues, em ...*Até o fim dos Tempos*, teve a oportunidade derradeira de se harmonizar com quem havia ferido no momento da prisão de Jesus. Por uma dessas "tramas do destino", estava à sua frente, auxiliando o centurião romano, Malco, o antigo servo do sumo sacerdote, cuja orelha direita fora decepada por Pedro com um golpe.

Como a ausência do órgão indicava os que eram punidos por crime de furto, o assessor estigmatizado pela marca fugiu para a capital do império, onde viveu entre forasteiros e vagabundos. Ao reconhecer aquele homem, o velho pescador não perdeu a oportunidade de, genuflexo, rogar-lhe perdão. Malco, que não esperava por isso, ouve a sentença proferida pelo capitão: "Se a esse a quem vamos crucificar – que é importante entre os seguidores do judeu odiado – ajoelha-se aos teus pés, Malco, certamente és muito mais que ele. Crucificar-te-emos também...", e prossegue a autora dizendo: "Fortemente detido e debatendo-se, Malco gritava inocência, que não era ouvida nem aceita, logo sendo montada uma cruz tosca, na qual, ao lado de Pedro, em desespero incomum, blasfemando e estorcegando-se, morreu também..." (cf. ...*Até o fim dos Tempos*, p. 143-148).

Quem admira o quadro "A crucificação de São Pedro", pintado por Caravaggio no século XVI, pode imaginar que, se o pintor soube desse fato tão importante, poderia ter pintado ao lado da cruz de cabeça para baixo de Pedro a de Malco, quando ele estorcegava, num confronto grandioso entre o que se soergueu e se superou, entregando-se sereno a Jesus, e o outro que, não obstante tivesse sido também uma testemunha ocular da história, pois o Mestre estancou-lhe instantaneamente o ferimento da cabeça, passou ao largo como nada houvera testemunhado.

Ao se deixar ser crucificado de cabeça para baixo, Pedro lega à Humanidade um importante simbolismo, qual seja o de que ali morre o homem, para surgir o Espírito iluminado, diferentemente da crucificação de Jesus, de cabeça para cima, na qual se ergue de volta aos páramos celestiais o Espírito puro.

Só mesmo uma vida de dedicação integral a Jesus poderia dar sustentação moral às palavras: "O amor cobre a multidão de pecados" (cf. I Pedro, 4:8).

Este Pedro da segunda fase é descrito por Amélia como:

- Discípulo abnegado (*Dias venturosos*, p. 126).
- Discípulo renovado de Jesus (...*Até o fim dos tempos*, p. 147).
- Pescador de Almas (*Dias venturosos*, p. 126).
- Honesto e firme (*Trigo de Deus*, p. 139).
- Apóstolo abnegado (*Há flores no caminho*, p. 43).

O soerguimento de Pedro enseja uma reflexão sobre a transformação moral que apresentamos a seguir nas considerações finais.

Tournier Saint Pierre
Nicholas Tournier (1590-1639)

Considerações finais

Transformação moral é a expressão com a qual Allan Kardec define o verdadeiro espírita, em *O Evangelho segundo o Espiritismo*, cap. XVII, item 4. Definição que pode ser aplicada ao cristão verdadeiro, "pois que um o mesmo é que outro", conforme o codificador no mesmo item. Essa transformação é o que o Espírito Emmanuel, em toda a sua obra, através da psicografia do médium Francisco Cândido Xavier, denomina de reforma íntima, numa alusão ao que se deve fazer interiormente, ou seja, um conserto em algo que não está bom, correto ou direito. Na obra do Espírito Joanna de Ângelis, pela mediunidade de Divaldo Franco, essa expressão tem como sinônimos autodescobrimento e autoiluminação, significando, ambas, que o processo para o qual a transformação aponta e o conserto a que a reforma alude não se fazem sem enxergarmos o que somos. Uma expressão comum nos dias de hoje para esse mesmo termo e seu significado profundo é reengenharia de vida.

O que ocorreu com Pedro? Ou como essa transformação se deu com ele?

Lembremos que, ao longo deste livro, apresentamos a vida desse dileto seguidor de Jesus dividindo-a em etapas-experiências – o encontro, a convivência, a negação e o soerguimento. Destas, a última mostra-se muito diferenciada em relação às demais, dado que o episódio marcante da fase anterior – a negação – é o próprio divisor de águas no qual ele mergulha, não sem culpa ou arrependimento. As duas primeiras fases revelam ao mesmo tempo o arrebatamento de Pedro pelo Mestre, fato que não é impossível de ser compreendido à luz da Doutrina Espírita, tanto pelo magnetismo de Jesus, quanto pelo fato de que sua vinda à Terra atendeu a um planejamento nos mínimos detalhes, conforme declara Emmanuel, pela psicografia de Francisco Cândido Xavier, em *A caminho da luz* (1978[2006]), no capítulo 1 – A gênese planetária. Com base nisso, não é difícil inferir que a escolha dos colaboradores foi uma parte importante desse planejamento

Lendo a biografia de Pedro à luz dos tipos de temperamento e das funções psicológicas descritas por Jung, identificamos um interessante processo de transformação moral, de reforma íntima e de autoiluminação. De acordo com o pai da Psicologia Analítica (CUNHA; CASALS, 1999), os sujeitos podem ser classificados em dois tipos de personalidades em relação ao meio que os cerca: extrovertido e introvertido. O primeiro tipo é aquele a quem o meio, os outros, os desafios não são vistos como constrangedores ou limitantes. O segundo tipo, por oposição, é aquele que visa a preservar-se ao máximo de qualquer tipo de exposição que o coloque em situação de vulnerabilidade.

Associadas a esses tipos, existem as quatro funções psicológicas, que são: sensação, intuição, pensamento e sentimento. Assim, combinando-se tipos com funções, temos oito pares: extrovertido-sensação, extrovertido-pensamento, extrovertido-sentimento, extrovertido-intuição; introvertido-sensação, introvertido-intuição, introvertido-sentimento, introvertido-pensamento e introvertido-sensação. Diferentemente do tipo de personalidade, que é caracterizador do sujeito e um exclui o outro, as funções estão todas presentes no tipo, sendo uma delas predominante.

De modo resumido e à guisa de exemplificação, apresentamos breve definição de cada um desses tipos, com base em Cunha e Casals (1999). No extrovertido-sensação prevalece o império dos sentidos, as habilidades estão voltadas para perceber cheiros, cores, detalhes e números, e interessa-se pelo lado prático das questões. O extrovertido-intuição, por sua vez, gosta de lidar com conceitos e ideias abstratas, tem habilidade para perceber possibilidades futuras, vê o global e não se apega a detalhes. O extrovertido-pensamento é a razão acima de tudo, foca a atenção nas ideias, e não nas pessoas que estão por trás delas, tem facilidade para agir com dureza, se necessário. Já o extrovertido-sentimento é o sentimento que fala mais alto, prioriza a emoção ao avaliar e decidir situações e sabe valorizar a opinião alheia. O introvertido-sensação aceita realisticamente as situações, aprende mais pela própria experiência do que pelos livros, tende a repetir experiências e a procurar soluções prontas. Já o introvertido-intuição prefere aprender novos modelos a repetir o que está pronto, confia mais nos pressentimentos do que na análise dos fatos, faz planos inviáveis e os deixa inacabados. O introvertido-pensamento, por seu turno, nunca perde de vista as consequências de cada ato, dá mais valor à justiça do que à generosidade, parece ter um coração de pedra. Por fim, o introvertido-sentimento dá mais valor à generosidade do que à justiça, está sempre disposto a fazer um elogio, sofre na hora de tomar uma atitude que desagrada alguém.

Quanto a Pedro, o estudo que empreendemos nos leva a observar que sua personalidade muda de tipo e de função. Vejamos: quando do seu encontro com Jesus e durante a convivência, mostra-se extrovertido com predominância da função pensamento. É um homem de ação, executa as ordens de Jesus, como na pesca, na preparação do jantar de despedida. É um interlocutor constante e, de certa forma, contumaz, questiona sobre o perdão, sobre as recompensas. É também um interlocutor perspicaz, quando, por exemplo, responde a Jesus que é impossível saber quem o tocou em face da multidão que o cercava. Além disso, é aquele que pretende preservar Jesus de toda sorte de inconveniências, tal como quando deseja construir uma cabana para o Mestre, Moisés e Elias na transfiguração do Tabor, ou quando o adverte de que não o deixará na hora máxima ou que Jesus não lave os seus pés.

Essas atitudes caracterizam-no até a negação como um extrovertido-pensamento, predominantemente, pois quer decidir as questões com base na lógica (veja a questão de quantas vezes perdoar), tem facilidade de agir com dureza quando necessário (fere um dos soldados que prendeu Jesus), dá mais valor à justiça do que à generosidade (fere o soldado para defender Jesus), foca suas atenção nas ideias, e não nas pessoas que estão por trás delas (quando pergunta a Jesus como saber quem o tocara em função da multidão que O cercava no episódio da mulher hemorroíssa).

Humano, Demasiado Humano: a transformação moral de Pedro

Não obstante, era também um extrovertido com toques de sensação, porque se interessava pelo lado prático das situações (construir a cabana, preparar o jantar de despedida), confiava no que podia comprovar (não via quem tinha tocado Jesus), repetia soluções prontas em vez de procurar novos caminhos em situações novas (negou Jesus). Por ter sido impulsivo que, guiado pela sensação de medo e autoproteção, negou Jesus.

Todavia, foi esse mesmo episódio, assimilado com dor, culpa e arrependimento, que gerou a transformação, pois de extrovertido Pedro passa a intuitivo, no sentido de não ser retraído, mas de entender que o trabalho de erguer e apascentar os demais, bem como atender aos caídos, era maior do que ele mesmo e exigia uma atitude para dentro, reflexiva. Em *Atos dos Apóstolos*, encontramos referências de que até a sua sombra curava (Atos, 5:15). Sobre isso, Emmanuel (2007, p. 360), pela psicografia de Francisco Cândido Xavier, afirma: "A sombra de Simão Pedro, que aceitara o Cristo e a Ele se consagrara, era disputada pelos sofredores e doentes que encontravam nela esperança e alívio, reconforto e alegria". Ora, uma mediunidade assim, associada à sua atitude de reunir o grupo e fundar a casa do caminho, leva-o para o oposto de sua personalidade: um introvertido sentimento-intuição, pois presta atenção nos demais (tanto que cria a Casa do Caminho e acolhe Paulo, cf. o relato de Atos, 1:44-45; 4:34-35; 9:26-28 e *Dias venturosos*, capítulo 24). Torna-se apaziguador, dando mais valor à generosidade do que à justiça (conforme o relato de Emmanuel, pela Francisco Cândido Xavier, no livro *Paulo e Estêvão*, capítulo V, 2ª parte, no que diz respeito à possível disputa entre Paulo e Tiago), tende a ver os problemas de maneira global (decide ir a Roma não apenas para se defender de perseguições, mas para exortar os cristãos que lá estavam), prefere aprender modelos novos a repetir velhas práticas (não duvida mais de Jesus e dá testemunhos de sua modificação ao se deixar crucificar de cabeça para baixo).

À guisa de ilustração, tomemos a imagem de dois contínuos superpostos, formando a figura de uma cruz, e idealizemos que na base vertical está o Pedro extrovertido, fincado no pensamento; à esquerda está a sensação. No topo do eixo vertical está o Pedro introvertido e intuitivo consciente, sintonizado com sua missão à luz da mensagem do Cristo; à direita, está o sentimento.

Vejamos que ele migra da extroversão na direção da introspecção e, nesse movimento, muda horizontalmente também, ou seja, muda de função, pois vai do pensamento/razão para a intuição e da sensação para o sentimento. Ao mudar-se para intuição, abre-se na direção do outro e assim faz sua transformação moral, amando ao próximo como a si mesmo e até aos inimigos, pois acolhe Paulo, antes Saulo e perseguidor dos Cristão, porque acredita em sua transformação e, ao ser preso, reconhece Malco como um irmão e ajoelha-se a seus pés. Essa transformação é tão admirável que Emmanuel (2007, p. 124), pela psicografia de Francisco Cândido Xavier, chama-o de o sublime Cefas no capítulo 54 do livro *Pão nosso*.

Isto posto, podemos concluir que se trata de uma vida que, ao contato com Jesus, passou por uma transformação radical, que exigiu não apenas a mudança da forma de pensar e agir, mas exigiu um autovisionamento muito profundo para atender ao propósito apresentado pelo Mestre após a ressurreição em duas atitudes: "erguer a igreja" (Mt., 16:18) e "apascentar as ovelhas" (Jo., 21:15-17). Em síntese, ser a base de nova perspectiva de vida material, emocional e espiritual, além de conduzir os demais a perceberem isso.

Para concluir, fiquemos com a descrição de Pedro, por Amélia Rodrigues, psicografia de Divaldo Pereira Franco, no capítulo "As dubiedades de Pedro", no livro *Vivendo com Jesus*:

> Embora houvesse precipitadamente prometido acompanhá-lO até o momento final, ouviu a triste sentença por Ele proferida de que O negaria três vezes antes que o galo cantasse...
>
> Mas, arrependendo-se amargamente da covardia que o dominou na terrível noite da infeliz Jerusalém, ergue-se da defecção e foi-Lhe fiel até o fim.
>
> Em sua memória ergueu o lar dos desesperados na estrada em Jerusalém e Jope, albergou todos os infelizes que o buscaram e enfrentou Roma, nos seus dias de ódio, levando a todos que tinham necessidades o Amor incondicional do Amigo...
>
> Quando convidado ao testemunho, amadurecido e sábio, deu a própria vida em holocausto, como Ele o fizera em favor de todos nós.
>
> **As duas faces de Simão Pedro são encontradas em todos aqueles que descobrem Jesus, ou que por Ele foram encontrados no caminho da evolução e sentem o desejo de O amar, de Lhe entregar a vida.** (FRANCO; RODRIGUES, 2013, p. 115-119, grifos nossos).

A libertação de Pedro
Bartolomé Esteban Murillo (Sevilla, 1617-1682)

Referências

BÍBLIA TEB. **Tradução Ecumênica da Bíblia.** Tradução de F. G. Rodrigues. São Paulo: Edições Loyola e Paulinas, 1995.

ÂNGELIS, Joanna de [Espírito]. **Nunca a sós.** Psicografia de Divaldo Pereira Franco, em 9 de Julho de 2000, na cidade de Parnamirim, Bahia, publicada na Tribuna Espírita de julho--agosto de 2001.

FRANCO, Divaldo Pereira; ÂNGELIS, Joanna de [Espírito]. **Jesus e o Evangelho à luz da Psicologia Profunda.** Salvador: LEAL Editora, 2000.

_____. **Sendas luminosas.** Salvador: LEAL Editora, 1998.

_____. **Vida:** desafios e soluções. Salvador: LEAL Editora, 2007.

SANT'ANNA, Hernani T.; ÁUREO [Espírito]. **Universo e vida.** Rio de Janeiro: FEB, 1980.

CAMARGO, Jason. **Divaldo Franco:** a história de um humanista. Porto Alegre: Letras de Luz/FERGS, 2004.

CAMILO, Pedro. **Devassando a mediunidade:** estudo da obra de Yvonne do Amaral Pereira. Salvador: Mente Aberta, 2012, 191 p.

_____. **Yvonne Pereira:** entre cartas e recordações. Salvador: Mente Aberta, 2016, 143 p.

CUNHA, Fabiana; CASALS, Pepe. Seu melhor aliado, você mesmo. **Revista Superinteressante.** Outubro, 1999, p. 30-35.

DENIS, Léon. **Cristianismo e Espiritismo**. Tradução de Leopoldo Cirne. 6. ed. Rio de Janeiro: FEB, 1971.

FOX FILME. **Divaldo – O Mensageiro da Paz**. Direção: Clovis Mello. Produção: Eduardo Girão. Intérprete: Bruno Garcia. São Paulo: Fox Filme, Estação da Luz, 2019. *Blu-ray disc*.

XAVIER, Francisco Cândido; EMMANUEL [Espírito]. **O Evangelho por Emmanuel**: comentários ao Evangelho segundo Mateus. Coordenação de Saulo César Ribeiro da Silva. Brasília: FEB, 2014.

_____. **O Evangelho por Emmanuel**: comentários aos Evangelho Segundo Lucas. Coordenação de Saulo César Ribeiro da Silva. Brasília: FEB, 2015.

_____. **Pão nosso**. Brasília: FEB, 2007.

_____. **A caminho da luz**. 33. ed. Rio de Janeiro: FEB, 2006, capítulo 1 – A gênese planetária, item: A comunidade dos espíritos puros.

_____. **Paulo e Estêvão**: episódios históricos do cristianismo primitivo. 32. ed. Rio de Janeiro: FEB, 1999.

FEDERAÇÃO ESPÍRITA DO PARANÁ. **Os expoentes da Codificação Espírita**. Curitiba: FEP, 2002, 184 p.

FRANCO, Divaldo Pereira; SAID, César Braga. **Amigos para sempre**. Santo André, SP: EBM, 2012.

_____. **Cartas de Yvonne**: a amizade entre Divaldo Franco e Yvonne do A. Pereira. Salvador: LEAL Editora, 2016.

FRANCO, Divaldo; BALDOVINO, Enrique; BALDOVINO, Regina. O médium, educador e orador espírita Divaldo Pereira Franco. *In*: **Pérolas da Série Evangélica Amélia Rodrigues**: volume 1. Salvador: LEAL Editora, 2017a.

_____. **Pérolas da Série Evangélica Amélia Rodrigues**: volume 1. Salvador: LEAL Editora, 2017a.

_____. **Pérolas da Série Evangélica Amélia Rodrigues**: volume 2. Salvador: LEAL Editora, 2017b. 504 p.

GRÜN, Anselm. **Jesus como terapeuta**: o poder curador das palavras. 2 ed. Tradução de M. Hediger. Petropólis: Vozes. 2013.

KARDEC, Allan. **O Livro dos Espíritos**. 2. ed. Tradução de Evandro Noleto. Rio de Janeiro: FEB, 2011.

_____. **A Gênese**. 15. ed. Tradução de Guillon Ribeiro. Rio de Janeiro: FEB, 1967

_____. **O Evangelho segundo o Espiritismo**. 131. ed. Tradução de Guillon Ribeiro. Brasília: FEB, 1994.

KLEIN FILHO, Luciano. **Recordações de um apóstolo**. Fortaleza: Motográfica e Comércio de Papéis, 2011.

LAURENTIN, René. **Pedro, o primeiro papa**: traços marcantes de sua personalidade. Tradução Elizabeth Centeno Maggio. São Paulo: Paulinas, 1997.

LE GOFF, Jacques. Memória. *In*: **História e memória**. Tradução Bernardo Leitão [*et al.*]. Campinas: Editora da UNICAMP, 1990.

_____. Documento/Monumento. *In*: **História e memória**. Tradução Bernardo Leitão [*et al.*]. Campinas: Editora da UNICAMP, 1990.

LELOUP, Jean-Yves. **Caminhos da realização**: dos medos do eu ao mergulho no ser. Petrópolis: Vozes, 1998.

LOUREIRO, Carlos Bernardo. **As mulheres médiuns**. Brasília: FEB, 1996.

Divaldo Franco/Denise Lino de Araújo

NOVO TESTAMENTO. **Os livros do Novo Testamento**. Tradução de J. F. Almeida. Philadélfia, Pensilvânia, EUA: Companhia Nacional de Publicidade, 1994.

NORA, Pierre. Entre Memória e História. A problemática dos lugares. Tradução: Yara Aun Khoury. *In*: **Projeto História. Revista do programa de estudos pós-graduados de história.** v. 10 (1993), p. 7-29. Acesso em: 5 jan. 2020.

PASSOS, Elizete. **Amélia Rodrigues**. Col. Educadoras Baianas. Salvador: EDUFBA, 2005.

PEREIRA, Nilson de Souza. **A serviço do Espiritismo –** Divaldo Franco na Europa. Salvador: LEAL Editora, 1982.

FRANCO, Divaldo Pereira; RODRIGUES, Amélia [Espírito]. **Primícias do Reino**. 3. ed . Salvador: LEAL Editora, 1975

_____. **A mensagem do amor imortal**. Salvador: LEAL Editora, 2008.

_____. **...Até o fim dos tempos**. 2. ed. Salvador: LEAL Editora, 2000.

_____. **Há flores no caminho**. 3. ed. Salvador: LEAL Editora, 1992.

_____. **Luz do mundo**. 3. ed. Salvador: LEAL Editora, 1975.

_____. **Pelos caminhos de Jesus**. 3. ed. Salvador: LEAL Editora, 1988.

_____. **Quando voltar a primavera**. 5. ed. Salvador: LEAL Editora, 1998a.

_____. **Trigo de Deus**. 2. ed. Salvador: LEAL Editora, 1995.

_____. **Vivendo com Jesus**. Salvador: LEAL Editora, 2012.

_____. **Dias venturosos**. Salvador: LEAL Editora, 1998.

_____. Poema da Gratidão. *In*: **Sol de esperança**. Salvador: LEAL Editora, 1978.

SAID, César Braga. **Raul Teixeira – um homem no mundo**: 40 anos de oratória espírita. Niterói: Fráter Livros Espíritas, 2008.

SCHUBERT, Suely Caldas. **Testemunhos de Chico Xavier**. Brasília, DF: FEB, 1986.

_____. **O Semeador de Estrelas**. Salvador: LEAL Editora, 2003.

_____. **Divaldo Franco**: uma vida com os Espíritos. Salvador: LEAL Editora, 2016.

SEVCENKO, Nicolau. **Literatura como missão**: tensões sociais e criação cultural na Primeira República. 2. ed. São Paulo: Companhia das Letras, 2003.

SINOTTI, Sérgio. **A jornada numinosa de Divaldo Franco**: a vida, a obra e o ideário do maior médium e comunicador espírita da atualidade. Salvador: LEAL Editora, 2000.

WALTY, Ivete Lara Camargos. A literatura de ficção ou a ficção da literatura?. **Cadernos de Linguística e Teoria da Literatura**. [S.l.], n. 8, p. 25-35, dez. 2016. ISSN 0101-3548. Available at: http://www.periodicos.letras.ufmg.br/index.php/cltl/article/view/9871/8792. Acesso em: 5 jan. 2020.

WANTUIL, Zêus (Org). **Os grandes espíritas do Brasil**. Brasília: FEB, 1968.

WOLF, Hanna. **Jesus psicoterapeuta:** o comportamento de Jesus em relação ao homem, como modelo da moderna psicoterapia. Tradução de A. Bruneta. São Paulo, SP: Paulinas, 1990.

_____. **Jesus na perspectiva da Psicologia Profunda**. Tradução de A. Costa. São Paulo: Paulinas, 1994.

WORM, Fernando. **Moldando o terceiro milênio**: vida e obra de Divaldo Pereira Franco. Salvador: LEAL Editora, 1977.

REFERÊNCIAS DAS IMAGENS

Página 11. https://commons.wikimedia.org/wiki/File:San_Pedro_en_l%C3%A1grimas_-_Murillo.jpg

Página 15. https://commons.wikimedia.org/wiki/File:Gerrit_van_Honthorst_Saint_Peter_Penitent.jpeg

Página 19. https://pt.wikipedia.org/wiki/Ficheiro:Crucifixion_of_Saint_Peter-Caravaggio_(c.1600).jpg

Página 35. https://upload.wikimedia.org/wikipedia/commons/b/b8/San_Pietro_penitente.jpg

Pag 51. https://kalesijablog.files.wordpress.com/2015/06/saint-peter.jpg

Página 63. https://pointfromview.blogspot.com/2016/11/blog--post_34.html

Página 77. https://www.pinterest.co.uk/pin/800655639988903089/

Página 85. https://nl.pinterest.com/pin/517773288390970037/

Página 99. https://nl.m.wikipedia.org/wiki/Bestand:Saint_Pierre_pleurant_sa_faute,_Le_Guerchin.jpg

Página 111. http://www.arteecarte.it/primo/articolo.php?nn=1878

Página 131. https://commons.wikimedia.org/wiki/File:Tournier_Saint_Pierre_Mus%C3%A9e_des_Augustins_2015_2_1.jpg

Página 141. https://sangsabda.files.wordpress.com/2018/04/00-kis-5-17-26.jpg